陈 松◎著

中国 对外直接投资的贸易效应研究

中国财经出版传媒集团

经济科学出版社
Economic Science Press

图书在版编目（CIP）数据

中国对外直接投资的贸易效应研究／陈松著. --北
京：经济科学出版社，2023.2
ISBN 978 - 7 - 5218 - 4559 - 4

Ⅰ.①中…　Ⅱ.①陈…　Ⅲ.①对外投资 - 直接投资 -
投资效应 - 研究 - 中国　Ⅳ.①F832.6

中国国家版本馆 CIP 数据核字（2023）第 032200 号

责任编辑：顾瑞兰
责任校对：王苗苗
责任印制：邱　天

中国对外直接投资的贸易效应研究

陈　松　著

经济科学出版社出版、发行　新华书店经销
社址：北京市海淀区阜成路甲 28 号　邮编：100142
总编部电话：010-88191217　发行部电话：010-88191522
网址：www. esp. com. cn
电子邮箱：esp@ esp. com. cn
天猫网店：经济科学出版社旗舰店
网址：http://jjkxcbs. tmall. com
北京时捷印刷有限公司印装
710×1000　16 开　11.25 印张　180000 字
2023 年 2 月第 1 版　2023 年 2 月第 1 次印刷
ISBN 978 - 7 - 5218 - 4559 - 4　定价：59.00 元
（图书出现印装问题，本社负责调换。电话：010 - 88191510）
（版权所有　侵权必究　打击盗版　举报热线：010 - 88191661
QQ：2242791300　营销中心电话：010 - 88191537
电子邮箱：dbts@ esp. com. cn）

前　言 ‖ Preface

　　对外直接投资的母国贸易效应一直是学界关注的热点问题。作为世界主要国家之一的中国在经济转轨时期对外贸易和对外直接投资都取得了较大的成绩，因此研究中国对外直接投资的贸易效应，具有重要的意义。特别是在新形势下，中国对外贸易虽取得了举世瞩目的成绩，但成绩的背后问题重重，国际收支失衡，贸易摩擦日益增多，出口产品附加值较低，产品差异性不足且以价格竞争为主，进口商品结构有待完善，在此背景下研究中国对外直接投资对进出口贸易规模和贸易结构的影响机制、作用方向和影响程度具有更加现实的意义。本书以中国对外直接投资的贸易效应为研究对象，利用机理阐释和实证研究相结合的方法，分析了对外直接投资对进出口贸易规模和制成品贸易结构的影响。

　　本书考察了中国对外直接投资和对外贸易的发展现状。结果表明，经历多年的快速发展，中国已成为世界上主要的对外投资国，2020年中国对外直接投资流量居全球第二位，2020年底中国对外投资存量居全球第三位。中国对外直接投资的地区流向较为集中，主要流向亚洲，其次是拉丁美洲，但集中度有所下降，特别是"一带一路"倡议提出后，对外投资更趋分散化。投资覆盖多个国家和地区,从覆盖率来看,已覆盖90%以上的亚洲国家和地区,87%以上的欧洲国家和地区。中国对外直接投资存量的区域集中度先下降后提高,早期对外投资体量较小,不断开拓新的市场,集中度有所下降,随着投资规模提升,在经贸联系强化的惯性下,特别是近年来区域化取代全球化成为全球经贸的主旋律,对外投资的集中度有所上升。中国对外贸易成绩瞩目,贸易结构不断优化。从地区分布看,中国出口主要流向亚洲、北美洲和欧洲,特别是与欧洲的贸易联系日趋紧密;进口主要来源于亚洲和欧洲,在其他洲分布较为均衡。中国的制成品出口结构朝着不断优化的方向变动,中等技术水平产品和高技术水平产品出口占中国全部出口的比重大幅提升;与此相反,制成品进口结构并未明显优化,中等技术水平产品和高技术水平产品进口占中国全部进口的比重明显下降。

本书结合不同的对外直接投资动机阐释了对外直接投资影响进出口贸易的机制,并基于中国对外投资和对外贸易数据,运用面板分位数回归方法进行了实证分析。结果表明,中国对外直接投资的出口创造效应主要集中在条件分布的低分位点,中国对外直接投资的进口创造效应同样集中在条件分布的低分位点。这意味着当贸易规模较小,或对于与中国贸易联系程度不高的国家和地区而言,对其投资所产生的出口、进口促进作用更大。分样本回归结果显示:中国对中高收入国家和地区、中低收入国家和地区的直接投资能够带动中国向其出口,同样,对这些国家的直接投资也能够带动中国从其进口。值得说明的是,当贸易规模较小时,中国对中低收入国家和地区直接投资的出口创造效应最为明显、作用更大,中国对中高收入国家和地区直接投资的出口创造效应未表现出明显的规律性,中国对中高收入国家和地区、中低收入国家和地区的直接投资,其所产生的进口促进作用更多地体现在贸易规模较小时。

中国对外直接投资对进出口贸易增长来源的影响,值得深入研究。本书将新新贸易理论中有关扩展边际和集约边际的二元边际分解方法扩展至进口贸易，进而考察了中国对外直接投资对进出口二元边际的影响。结果表明，中国对外直接投资对出口扩展边际存在显著的正向影响，但对出口集约边际存在不明显的负向影响。这意味着中国对外直接投资主要通过影响扩展边际来促进出口。中国对外直接投资对进口集约边际的影响为正且显著，但对进口扩展边际的影响不显著。对于发达经济体而言，中国对外直接投资对出口集约边际存在显著的负向影响，对进口二元边际的正向影响不显著。对发展中经济体而言，中国对外直接投资对出口二元边际特别是扩展边际存在显著的正向影响，对进口二元边际的影响均不显著。对资源丰裕类国家和地区而言，中国对外直接投资对出口扩展边际具有显著的促进作用，但对出口集约边际存在显著的抑制作用，对进口集约边际存在显著的正向影响。

　　本书着重考察了中国制成品进出口商品结构的历史演进及中国对外直接投资对制成品贸易结构的影响。结果表明，对外直接投资对制成品出口贸易结构改善存在促进作用，但恶化了进口影响贸易结构。分类产品进出口回归结果显示：对外直接投资对大部分产品出口存在促进作用，其中对中等技术水平产品出口的促进作用最为显著，对外直接投资对出口结构的优化作用集中体现为促进中等技术水平产品出口，阻碍初级产品出口。对外直接投资对进口结构的负向影响，集中体现为促进资源型产品进口，而限制中等技术水平产品进口。最后，本书就如何提升对外直接投资规模和改善对外投资结构以发挥对外直接投资对贸易规模和贸易结构的有利作用和规避不利影响提出了相关建议。

目　录 ‖ Contents

第1章 导 论

1.1 研究意义

1.1.1 理论意义

学术界有关对外投资与对外贸易关系的研究由来已久。由于发达国家对外贸易和对外直接投资起步较早，国内企业跨国经营历史较长，因此学者大都基于发达国家对外投资的经验建立理论模型，分析对外直接投资与对外贸易的关系。由早期基于要素禀赋及要素流动的传统贸易模型到考虑到企业国际化经营决策和市场结构的跨国公司理论和产业组织理论，再到融入企业异质性的新新贸易理论，都是基于发达国家对外直接投资与对外贸易实践发展而来。但二战后，随着主权国家相继独立，经济发展迅速，对外贸易和对外直接投资日益活跃。其中最引人注目的当属中国，改革开放之后经过40余年的快速发展，中国的对外贸易和对外投资都取得了巨大进步。但基于发展中国家对外投资和对外贸易实践的系统研究仍然较少，因此研究中国对外直接投资对进出口贸易的影响机制和作用方向，对于丰富发展中国家对外直接投资与对外贸易关系的研究、理顺中国对外直接投资与对外贸易的关系，具有重要的意义。

学术界往往侧重于研究对外直接投资的贸易规模效应，忽视对外直接投资对贸易结构的影响。事实上，对外直接投资不仅影响母国的对外贸易规模，还可能影响母国的贸易结构，但目前对此问题的理论研究相对不足。对一国而言，对外贸易规模反映了一国参与世界经济的活跃度，是一国经济发展和技术进步的重要因素，但贸易结构反映了本国企业在海外市场的盈利能力及贸易竞争力，对本国的经济发展和技术进步影响更大。在某种程度上，对于一国而言，重要的不是出口或进口多少，而是出口或进口什么。因此，对于对外直接投资作用于对外贸易结构的理论探索，分析其中的影响渠道和机制，具有重要的意义。

在实证研究中，鲜有国外学者研究中国对外直接投资的贸易效应，大部分文献都围绕发达国家和地区展开。国内的学者虽然基于各种方法研究了中国对外直接投资的贸易效应或对外直接投资与对外贸易的关系，但大都未考虑中国对外直接投资的巨大波动性对贸易的影响，因此得出的结论可能不够准确。特别是很多文献基于时间序列方法展开研究，但由于中国对外直接投资的历史较短，数据可获得性差，样本量太少，无法满足估计所需的样本性质，从而削弱了此类文献的结论的可信度。

1.1.2　现实意义

受金融危机和欧洲主权债务危机的影响，世界主要经济体经济增长乏力，新兴经济体受制于主要出口商品价格回落和发达国家量化宽松政策引致的本币升值，经济增长速度不断下滑，二者合力造成了海外市场需求和供给萎缩，国际贸易保护势力抬头，中国进出口贸易发展受阻。如何维持和扩大现有进出口规模，为国内经济转型和产业结构升级提供必要的资金支持、技术保证和充足的时间，成为新时期中国进一步融入全球经济所需面对的难题。与此同时，随着"走出去"战略实施步伐加快，作为中国融入世界经济另一重要渠道的对外直接投资增长迅速。面对人民币不断升值的压力和外汇储备贬值的风险，以及国外资产价格下降和管制有所松动的战略机遇期，不断扩大对外直接投资规模成为必然选择。在此背景下，研究中国对外直接投资与进出口贸易的关系具有重大的现实意义。

针对对外直接投资贸易效应的研究，不仅有利于推动中国对外直接投资快速发展，减少与现有主要发达国家的差距，优化对外投资结构，提升投资收益，还有利于通过合理调节对外直接投资规模进而影响进出口规模，调整对外直接投资结构和地区分布进而影响进出口商品结构，以达到维持和扩大现有进出口规模，平衡国际收支，减少贸易摩擦，改善进出口结构的目的，进而保障在转型期中国经济平稳过渡。

1.2 对外直接投资与对外贸易的关系研究

国内外有关对外直接投资母国贸易效应的理论和实证研究较少，更多的研究集中于对外直接投资与对外贸易的关系。严格地讲，对外直接投资的母国贸易效应是二者关系的一个方面，通过对二者关系相关文献的归纳总结，可以更好地理解对外直接投资对国际贸易的影响机制及作用方向。目前，对外直接投资与母国对外贸易的关系大致可以分为三类：替代关系、互补关系和权变关系

1.2.1 替代关系

1.2.1.1 基于贸易阻碍或国际壁垒引致对外直接投资视角的研究

蒙代尔（Mundell, 1957）首先考察了对外直接投资与国际贸易的关系，并提出商品跨国流动和要素跨国流动完全替代的理论模型。该模型首先假设两个国家 A 和 B，两国生产函数相同，两种商品羊毛和钢铁，以及两种要素劳动和资本。两国的要素禀赋不同，A 国的劳动相对充裕，B 国的资本相对充裕。羊毛生产是劳动密集型的，钢铁生产是资本密集型的。

初始条件下，要素是完全不能自由跨国流动的但没有贸易壁垒，即不存在关税，此时的均衡为 A 国向 B 国出口羊毛并从 B 国进口钢铁。随后假设由于外部冲击资本可自由跨国流动，但由于 A 国和 B 国资本的边际产品相同，因此均衡状态不变。如果 A 国对钢铁进口征收禁止性关税，起初 A 国国内钢铁价格相对羊毛价格上升，要素从羊毛生产部门流入钢铁生产部门，但由于钢铁生产是资本密集型的而羊毛生产是劳动密集型的，因此 A 国内部劳动供给过剩但资本日益紧缺，结果造成劳动相对于资本的边际生产力下降。与此同时，由于资本是自由流动的，进而资本由 B 国流入 A 国，直至两国要素边际生产力相等以达到平衡，最终在两国要素价格均等化或商品价格均等化的假设下，资本流动完全替代贸易，贸易消失，国际资本完全流动。

但此模型存在一定的不足：第一，建立在完全竞争上的均衡并假设各国生产函数相同，与现实世界相差甚远；第二，未考虑动态变化和政府政策的影响。严格地讲，蒙代尔探讨的是贸易受阻引致资本流动和资本流动受阻引致贸易，其逻辑顺序是"投资阻碍—产生贸易"，而不是其他学者所探讨的"投资—替代或促进贸易"，但也从另一个侧面揭示了对外直接投资与对外贸易的关系。

持有相同观点的理论研究有：霍斯特（Horst，1972）研究发现对外投资和出口是美国企业向海外市场展示技术优势的两种替代手段，即肯定了对外直接投资与出口的替代关系，贸易伙伴国关税提升促使美国企业开展对外直接投资替代出口。随后估算了名义关税率和实际关税率对两种国际化方式替代程度的影响。拉奥和悉达尔塔（Lall & Siddharthan，1992）通过对比美国对外投资者和在美国的投资者的垄断优势，指出过往有关跨国公司垄断优势的研究存在偏误，并发现贸易壁垒是美国企业对外投资和国外跨国公司在美国投资的决定因素。

遵循蒙代尔研究思路的实证研究有：巴雷尔和佩恩（Barrell & Pain，1998）利用 1980～1991 年日本对美国和欧共体国家的投资数据，基于面板数据模型估计方法，研究发现不论是日本的全部对外投资还是制造业对外投资，都是为了避免贸易伙伴国的贸易保护，特别是 20 世纪 80 年代针对日本企业的反倾销行为。贝尔德伯斯和斯卢维根（Belderbos & Sleuwaegen，1998）利用日本电子工业对美国和欧共体国家直接投资的数据研究，发现20 世纪 80 年代日本对外直接投资的快速发展得益于国外针对日本出口企业的反倾销和其他贸易保护措施，日本的"关税逃脱型"对外直接投资是出口的合理替代。不同于以往的研究，他们利用的是日本电子工业企业和产品层面的数据进行论证，使结论更具可信性。类似的实证研究还有卡夫（Caves，1974）、欧文（Owen，1982）、桑德斯（Saunders，1982）和古普塔（Gupta，1983）等。

1.2.1.2　基于跨国公司理论的研究

对外直接投资和对外贸易是跨国公司参与全球经济的两种重要方式，选择何种方式成为重要议题。严格地讲，基于此角度的研究主要探讨的是跨国公司内部的决策问题，而不是对外直接投资的贸易效应，但这也从另一个侧面分析了对外直接投资与对外贸易的关系，扩宽了二者关系研究的广度。

巴克利和卡森（Buckley & Casson，1976）的内部化理论认为，由于市场不完全以及存在交易成本，企业可以通过扩张管理和控制权，即扩张企业边界将各项市场交易活动内部化，用企业内部计划替代市场机制配置资源，规避市场不完全引致的交易风险以及节节攀升的交易成本。企业在国际化过程中，如果内部化成本小于出口成本，或内部化收益大于内部化成本和出口成本之和，企业会用对外直接投资替代对外贸易。赫希（Hirsch，1976）从成本角度分析了跨国公司的出口投资决定，发现当国内生产成本和国际运输成本之和大于国外生产成本和固定投资之和，开展对外直接投资是有利的，反之，企业将选择出口的方式服务国外市场。邓宁（Dunning，1980）综合了前人的理论研究，结合内外部优势对跨国公司国际化经营方式选择进行了分析。他认为只有当跨国公司同时拥有所有权优势、内部化优势和区位优势时，对外直接投资才是可行而且是有利的。如果公司只有所有权优势和内部化优势，对外直接投资缺乏有利的区位，则只能在国内生产然后出口。其中，所有权优势指的是企业自身创造或通过外部购买获得使用权的资产。内部化优势指的是扩展企业边界，将属于市场交易的部分内部化为企业的生产经营活动以降低交易风险和交易成本。区位优势指的是在某区位投资所获利润大于在国内生产所获利润。

1.2.1.3 基于产业组织理论视角的研究

布雷纳德（Brainard，1993）的"临近—集中"模型分析了母国公司国际化经营方式的选择。"临近"指的是开展水平型对外直接投资，在东道国投资设厂，就近服务国外市场。这种方式的优点是可变成本较小，缺点是固定成本较高。"集中"指的是在母国国内集中生产然后出口，充分发挥规模经济。这种方式的优点是固定成本小，缺点是运输成本较高，且随着运输距离的增大而升高。母国公司选择何种国际化经营方式，取决于临近优势和集中优势的权衡，即企业必须在实现规模经济和靠近需求市场之间进行抉择。当临近优势较强时，即运输成本较高、规模经济收益较小时，企业开展直接投资完全替代出口。反之，当集中优势较强时，只存在国内企业，不存在跨国企业，即企业选择在国内集中生产然后出口。基于产业组织理论视角的研究还有霍斯特和马库森（Horstman & Markusen，1992）、马库森和维纳布尔斯（Markusen & Venables，2000）等。

遵循"临近—集中"理论框架的实证研究有：布雷纳德（Brainard，1997）实证检验了运输成本、贸易和投资壁垒、生产规模经济、企业特定优势在决定投资与出口转化中的作用。研究结果表明，"临近—集中"假说有效地解释了对外投资与出口的转化，海外分支机构销售额和出口的比值随运输成本和贸易壁垒的提升以及厂商规模经济和投资壁垒的减小而上升。尽管实证检验中用的是出口和分支机构销售收入的水平值而非"临近—集中"理论中所需的二者的份额，但贸易和投资壁垒对水平值的影响和对相对值的影响是一致的。布雷纳德还发现，随着广告密集度的提升，出口和分支机构销售收入更具替代性。巴格瓦蒂等（Bhagwati et al.，1992）基于重塑的政治经济学理论分析框架，考虑到东道国包含游说集团在内的各种政治势力对直接投资的影响，以日本对美国投资为例研究了对外直接投资与对外贸易的关系，并首创了"补偿投资"理论。母国政府和投资者从长远角度出发，不是为规避贸易壁垒而是为实现两期利润最大化消除潜在贸易保护威胁进行的投资，此种投资即为"补偿投资"。针对在美国开展投资的日本跨国公司的调查显示，20 世纪 80 年代众多日本企业是为了避免潜在的贸易摩擦而在美国投资。

1.2.1.4 基于新新贸易理论视角的研究

自梅利兹（Melitz，2003）的开创研究以来，国际贸易领域的研究纷纷从产业层面转移至企业层面，对诸如贸易的发生机制、贸易模式和贸易利益分配等问题从更加微观的视角加以阐释，由于该理论强调企业生产率的差异，因此也被称为异质性企业贸易理论。随着研究的不断深入，越来越多的学者开始基于异质性企业贸易理论视角研究企业对外直接投资和出口决定问题。赫尔普曼、梅利兹和耶普尔（Helpman，Melitz &Yeaple，2004）在梅利兹模型的基础上，建立了一个多国家、多部门的一般均衡分析框架，以分析异质性企业选择何种方式服务国外市场。在模型中，每个产业都是由拥有不同生产率水平的差异性企业而非代表性企业构成的，企业所要面对的市场进入成本包括不同的相对成本，其中部分是沉没成本，部分是可变成本（如运输成本和关税）。相对于对外投资，出口的沉没成本较低但可变成本较高。理论模型的均衡结果为，由于无法获得正利润，生产率最低的企业退出所在产业，其他低生产率企业只服务于国内市场，剩下的高生产率企业同时服务于国内市场和国外市场。生产率最高的企业选择在国外投资的方式服务国际市场，而生产率次高的企业选择出口的方式服务国外市场。有关对外投资与出口的替代，理论预测认为当贸易摩擦更低或规模经济更强时，企业偏好选择出口的国际化经营方式。随后他们使用美国 52 个行业在 38 个国家的投资和贸易数据，实证研究了贸易摩擦、规模经济和产业内企业规模的分布对出口与分支机构销售收入比值的影响，实证结果证实了理论预期。

黑德和里斯（Head & Ries，2003）建立了一个相比赫尔普曼、梅利兹和耶普尔模型更加精简的理论分析框架，探究为何一些企业只选择服务国内市场而另外一些企业选择出口或对外投资。该模型放松了各国工资相同的假定，并发现生产率较高的企业选择对外直接投资而生产率次高的企业选择出口，但如果国外的工资更低，则上述结论会逆转。利用日本1070家制造业企业数据研究发现，生产率最低的企业只服务于国内市场，生产率较高的企业选择出口，生产率最高的企业选择对外直接投资，这与理论预期一致，但上述结论的显著性依赖于企业生产率代理变量的选取。当选用企业规模作为生产率的代理变量时，生产率与企业出口和对外投资决定的关联性较强，当选取生产函数剩余作为企业生产率的代理变量时，二者的关联性较弱。研究还发现，在对外投资企业中，生产率较高的企业在国外投资的分布范围较广。

本杰明（Benjamin，2006）在赫尔普曼、梅利兹和耶普尔理论模型基础上加入了可变需求价格弹性，并获得了与黑德和里斯一致的理论预期，不同生产率的企业会选择不同的国际化经营方式（对外投资或出口）。他还发现，生产率较高的企业通过对外直接投资行为获得更广泛的销售收入，但生产率水平较低的企业销售收入的增长得益于较大的需求价格弹性。模型确认了两个生产率临界值，生产率水平位于两个临界值之间的企业从事对外直接投资活动最有利可图。对企业外部因素的考察发现，东道国市场规模越大，从事对外直接投资的企业越多，即东道国市场潜力越大，企业在该国投资的可能性越大。随后利用法国企业数据的实证研究证实了理论模型的预期。

耶普尔（Yeaple，2008）在赫尔普曼、梅利兹和耶普尔的理论框架基础上建立了一个解释美国跨国公司行为国别差异的模型。该模型假设拥有不同生产率的跨国企业面临出口和建立外国子公司两种国际化路径选择，建立外国子公司可以避免可变运输成本但投资建厂需要一定的固定成本。此假设意味着对于每个东道国存在一个由国家特质决定的生产率临界值，只有生产率超过该临界值的企业在该国建立子公司才是有利可图的。因此，即使在吸引力最弱的东道国，生产率最高的企业也会投资设厂。耶普尔利用 1994 年美国跨国公司的数据进行了对应的实证研究，结果表明：首先，企业生产率越高，其投资的国家数目越多，并且其分支机构销售收入越多；其次，随着东道国变得更加有吸引力，在东道国投资的美国企业平均生产率不断下降，这主要是由于后进入者的生产率普遍低于先进入者；最后，还解释了东道国差异对美国跨国公司活动的影响机制。类似的理论研究还包括伯纳德（Bernard, 2003）、耶普尔（Yeaple, 2005）等。

基于新新贸易理论视角的实证研究有：乔治斯、内勒和皮苏（Girma, Kneller & Pisu, 2005）基于英国企业层面数据，利用随机占优的科莫戈洛夫—斯米尔诺夫（Kolmogorov-Smirnov）方法试图验证赫尔普曼、梅利兹和耶普尔的理论预期。实证结果表明，跨国公司的累积生产力分布相比非跨国公司全面占优，出口企业的累积生产力分布相比非出口企业全面占优。但对生产率增长率而言，未出现类似的分布情形。以上结果表明，只有生产率最高的企业从事固定成本高昂的出口和对外投资行为才能获利。但他们未发现生产率差异引致的对外投资和出口的替代，可能是由于出口和对外投资行为预期回报的不确定性导致。达米安等（Damijan et al., 2007）试图利用斯洛文尼亚制造业企业层面数据检验赫尔普曼、梅利兹和耶普尔模型以及黑德和里斯的理论预期。实证结果表明，生产率最高的企业倾向通过设立国外子公司的方式服务国外市场，生产率居中的企业倾向出口，出口企业和对外投资企业的生产率高出只服务于国内市场的企业约 20%，但未发现生产率差异引致的出口和对外直接投资的替代，不过这可能是由于斯洛文尼亚对外投资特殊的历史原因造成的暂时现象。他们还发现，生产率越高的企业建立的国外子公司越多，还开创性地发现目标市场的异质性对出口和投资决定的影响。

1.2.1.5 其他的研究

库什曼（Cushman，1985）利用美国与四个发达国家的双边贸易和投资数据，发现当面对预期风险增大或外汇贬值，跨国公司会降低最终产品出口，但同时可以增加对外投资弥补出口减少的损失，这从侧面说明了对外贸易和对外投资的替代关系。斯文森（Svensson，1996）利用 1974～1990 年瑞典跨国公司出口和对外投资数据实证研究，发现国外生产，即在国外建立分支机构并开展生产，与母国最终产品出口负相关，与母国中间产品出口正相关，但总体效应为负，这说明对外直接投资与母国最终产品出口是替代关系，与母国中间产品出口是互补关系，但净效应是替代关系。该研究中考虑到了样本选择偏误问题和第三国出口效应问题，使得估计结果较为稳健。戈平纳斯等（Gopinath et al.，1999）基于 1982～1994 年美国企业在十个发达国家的投资和贸易数据，发现国外子公司销售收入和出口是替代关系。研究还发现，美国食品加工业企业对外投资是贸易壁垒逃脱型，即跨国公司为了避免东道国国内市场进入壁垒而开展对外投资。得到替代观点的研究还有弗兰克和弗里曼（Frank & Freeman，1978）、约翰逊（Johnson，1967）等。

1.2.2 互补关系

随着跨国公司在全球布局生产，对外投资和对外贸易共同发展成为常态，以往的替代理论在经济现实面前缺乏足够的说服力，因此互补观点应运而生。小岛清（1978）认为对外投资活动并非仅局限于资本流动，而是包含技术、管理经验等无形资产的转移。通过考察日本企业对外投资行为及其福利效应发现，不同于美国式对外直接投资将比较优势产业转移至国外，日本式对外直接投资是将业已丧失或即将丧失比较优势的产业转移至海外。通过与当地企业建立合资企业的方式，将本国已经处于比较劣势的产业转移至东道国，充分发挥东道国的比较优势，扩大东道国该产业出口规模，一方面能够带动母国相关生产设备、原材料和劳动力出口，另一方面还能增加母国此类产品进口，即日本式对外直接投资可以促进双边贸易发展，同时由于更多的资源从比较劣势产业游离出来，进入更具比较优势的产业，有利于优化母国产业结构。

1.2.2.1 基于跨国公司理论和产业组织理论视角的研究

早期融入跨国公司的理论模型都假设对外直接投资为水平型，因此得出对外直接投资与对外贸易的替代关系。赫尔普曼（Helpman，1984）、赫尔普曼和克鲁格曼（Helpman & Krugman，1985）首次研究了垂直型对外直接投资。该模型假设企业生产需要特定的专有资产，如营销能力、管理经验、特定产品的研发能力等，此种专有资产投入是无法从市场上购买的。模型中只有两个国家、两种产品（一种是同质产品，一种是差异产品）和两种生产要素。差异化产品生产过程包括资本密集度较高的中间产品生产环节和劳动密集度较高的产品组装环节。当东道国市场规模较大以及东道国和母国要素禀赋差异较大时，跨国公司顺应要素价格均等化的要求开展对外直接投资。跨国公司基于利润最大化原则开展垂直型对外直接投资，将中间产品生产布局在资本充裕的国家，把产品组装环节分布在劳动充裕的国家，从而投资国向东道国出口中间产品，东道国向母国出口最终产品，因此对外直接投资具有贸易创造效应。

马库森（Markusen，1983）建立包含规模经济、不完全竞争、生产和要素税、生产技术差异等因素的贸易模型。理论分析发现，要素流动引致贸易增长，要素流动和贸易的替代关系只是要素比例模型的特例。马库森（Markusen，1995）通过多厂商和多产品生产模型探讨了对外投资和贸易同时存在的可能性。

以往研究只关注单一类型的对外投资，如水平型对外投资或垂直型对外投资，马库森（Markusen，1997）将两种类型对外投资纳入一个统一的分析框架。模型包含两种产品 X 和 Y，两种要素（低技能劳动力 L 和高技能劳动力 S），两个国家 h 和 f。Y 产品的生产是规模报酬不变的且市场是完全竞争的，X 产品的生产在企业和厂商层面都是规模报酬递增的。生产过程包括高技能劳动力密集型的总部服务生产活动（如研发、管理、财务和营销等）和低技能密集型的生产环节，并且两种生产环节根据特定的条件在两个国家之间选择生产位置。最后马库森根据国别要素禀赋差异及生产分布，分析了六种企业类型，其中包括水平型对外直接投资企业和垂直型对外投资企业。理论研究发现，若两国的市场规模和要素禀赋差异较小，水平型对外投资企业占主导；若两国的市场规模和要素禀赋差异较大，垂直型对外投资企业占主导。因此，在此模型中，贸易和投资的关系取决于哪类企业居于主导地位。

随着跨国公司理论模型扩展到两个以上国家和生产环节，以出口平台型为代表的复杂对外投资行为开始出现。出口平台型对外投资是指跨国公司在东道国生产的目的是向母国和东道国之外的第三国出口产品。莫塔和诺尔曼（Motta & Norman，1996）最早考察了出口平台型对外投资，发现关税、非关税壁垒和东道国市场规模大小是影响跨国公司国际化经营方式选择的重要因素。如果两国之间通过各自提高市场准入来推动地区一体化，能够吸引区域外国家的投资者，并导致地区间出口平台型直接投资，即投资者在区域内某个国家生产并将产品出口至区域内的另一国家。研究还发现，区域内的国家与其在诸如强制执行反倾销法等严苛的外部贸易政策上寻求一致，还不如大力削减内部壁垒，因为虽然二者引致的供应格局是相同的，但后者更能增加消费者福利。埃克霍尔姆等（Ekholm et al.，2003）建立了一个包含两个相同的高成本的大国和一个低成本小国的三国家模型。他考虑了两种情形：第一种是纯粹的出口平台型投资，当两个大国的成本优势大于两国之间最终产品的贸易成本，大于中间产品的贸易成本和建立子公司的每单位固定成本，并且小于向小国运输中间产品的贸易成本和从小国运输最终产品的贸易成本时，A 国和 B 国选择在 C 国投资，并将最终产品运回本国。第二种情况是一个国内需求巨大、高成本的大国 A 和一个低需求、低成本的小国 C 建立自由贸易区，此时 B 国企业面临三种选择：第一，在本国生产并出口到

A 国，需要承担最终产品出口的贸易成本；第二，在 C 国投资建立组装工厂，并将最终产品出口到 A 国，需要承担建厂的固定成本和中间产品运输到 C 国的贸易成本；第三，在 C 国投资建立组装工厂，并将最终产品出口到 A 国和返销国内，需要承担建厂的固定成本，中间产品运输到 C 国的贸易成本和部分最终产品运回本国的贸易成本。其行为决策取决于贸易成本和 C 国的成本优势。

基于出口平台型对外投资视角的实证研究有：汉森等（Hanson et al.，2001）利用美国跨国企业数据重新审视了跨国公司走出去的方式选择。他们发现了更多被前人忽视的垂直型对外投资的同时，也发现了水平型对外投资的一些新特点。以往研究认为水平型对外投资在国外建立子公司只是为了服务东道国市场，但他们发现在某些特定的行业和地区，跨国公司的子公司将生产的大部分商品出口至非母国和东道国的第三国，而且此种易受到税收和贸易壁垒影响的出口平台型对外投资主要是在小规模经济体和贸易更加自由化的国家和地区占主导地位。巴里（Barry，2004）在对爱尔兰经济起飞的研究中证实了出口平台型对外投资的存在。他发现，爱尔兰是欧盟内部吸引出口平台型对外投资最成功的国家，外资流入是 20 世纪 90 年代爱尔兰经济繁荣的重要因素之一。他还发现，国内经济政策的改变、欧盟和世界经济的发展、前期政策调整的红利等因素是吸引出口平台型投资的重要因素。布洛尼根（Blonigen，2006）发现过往有关对外直接投资区位选择的研究大都忽略了对外投资的空间相关性。他试图利用美国企业对外投资的数据检验对外投资空间相关对 FDI 区位分布的影响，研究发现虽然对外投资空间相关性对 FDI 区位分布影响显著，但以往没有考虑到空间相关性的模型的遗漏变量问题不显著。分样本和细分数据回归结果表明，部分欧洲发达国家的大部分产业存在出口平台型对外直接投资。塔德赛和瑞恩（Tadesse & Ryan，2004）在分析 1989 ~ 1999 年日本对 85 个国家和地区对外投资中，也发现了出口平台型对外直接投资存在的证据。

1.2.2.2 基于需求视角的研究

部分学者从需求角度出发分析对外直接投资与对外贸易的关系。利普西和韦斯（Lipsey & Weiss, 1981）在考察美国和其他国家投资者海外子公司生产、销售活动和出口数据后，发现在 14 个制造业行业中，大多数美国公司的海外子公司生产和销售活动与出口正相关，其他国家企业海外子公司的数量与该国出口正相关。他们认为美国制造业企业海外子公司的生产和销售活动能够通过创造新需求增加母国企业出口，其他国家海外子公司的生产、销售活动与母国出口也呈现同样的关联。他们还发现，美国企业海外子公司的生产与其他国家出口呈负相关，其他国家企业海外子公司的生产与美国的出口也呈负向关联。利普西和韦斯（Lipsey & Weiss, 1984）利用美国企业数据实证研究发现，美国企业海外子公司生产与出口是互补的，即美国跨国公司的海外子公司产出越大，其对东道国的出口越多。互补性不仅体现在子公司产出和中间品出口的关系中，还体现在子公司产出和最终产品出口的关系中。斯文森（Swenson, 2004）在试图协调理论研究和实证研究有关对外直接投资与对外贸易二者关系的对立观点时发现，制造业层面对外投资引致母国出口增长的可能原因是，首先，在海外建立子公司促进了母国中间产品和生产设备出口，其次，对外投资通过培育社会经济网络关系及信息外溢带动东道国对母国产品的需求，进而增加母国出口。母国投资者在东道国投资后，不断构建和完善社会和经济关系网络，产生信息溢出，降低母国企业在东道国的交易成本，引致东道国对母国产品需求增长，进而促进母国出口。

1.2.2.3 其他的实证研究

由于对外直接投资的来源国主要是发达国家和地区，因此早期实证研究主要围绕欧美主要发达国家展开。以下学者基于时间序列数据和估计方法分析了对外直接投资与对外贸易的关系：布罗姆斯特罗姆和库科（Blomstrom & Kokko, 1994）针对瑞典的研究发现，海外生产替代部分最终产品出口，但由于临近市场优势，海外子公司也因此获得更大的市场份额和生产扩张，进而引致母国更多的中间产品和相关产品出口，对外直接投资的净效应是促进出口。佩特里（Petri，1994）的研究发现对外直接投资与对外贸易的地区分布具有显著的相关性，即某国的对外贸易分布集中的地区，也是该国对外直接投资的主要目的地，这说明对外直接投资与对外贸易是同时存在的，即间接地说明了对外直接投资与对外贸易是互补的。普法伊尔迈尔（Pfaffermayr，1994）基于澳大利亚的对外直接投资和出口贸易数据，运用格兰杰因果检验、平稳性检验和协积检验等时间序列方法，发现对外直接投资与出口互为格兰杰因果。脉冲响应和方差分解分析发现，澳大利亚企业的对外直接投资和出口对来自对方的外生冲击做出了缓慢的动态调整。研究对外投资和对外贸易二者关系的文章可能由于内生性问题导致估计偏误。由于对外投资不是外生给定变量，因此如果对内生性问题不进行排查和处理，就不能准确地估计二者的关系。格鲁贝特和穆蒂（Grubert & Mutti，1999）认为可以通过考察价格弹性的互补性来解决内生性。但该方法的前提假设是东道国国内税收政策只影响母国投资决定而不是直接影响贸易流量。使用该方法，研究发现对外投资和对外贸易是互补的。运用同样的方法，斯劳特（Slaughter，1995）在美国跨国公司对外经营活动中也发现了对外投资与对外贸易互补关系的存在。

部分学者基于截面数据进行了实证研究：普法伊尔迈尔（Pfaffermayr，1996）利用澳大利亚的对外投资和对外贸易数据研究发现，对外直接投资与出口存在显著且稳定的互补关系，并且对外直接投资对出口的影响是双向的，即同时存在出口对直接投资的正向影响，但是显著性较低。布罗姆斯特罗姆等（Blomstrom et al.，1998）利用瑞典和美国的对外投资和对外贸易数据实证研究发现，瑞典企业在东道国建立的海外子公司的产出越多，其对该东道国目标产业的出口越多。不论是最小二乘估计还是考虑到内生性的两阶段最小二乘估计，结果都证实了瑞典对外直接投资对出口的正向影响。美国的情形较为复杂，在最细分产业层面，美国海外子公司净销售与出口显著正相关，即对外直接投资对出口影响显著为正。伯顿和莫罗（Berton & Mauro，1999）证实对外直接投资与对外贸易呈现互补关系而非理论研究中的替代关系。随着计量经济学的快速发展，越来越多的学者开始利用面板数据模型和估计方法进行实证检验。克劳辛（Clausing，2000）基于美国对外投资的跨国面板数据模型研究发现，美国对外投资与对外贸易呈现互补关系，即使考虑到国家的个体效应和使用不同的估计方法，该结果都是稳健的。这与传统的理论预期相反，可能的原因是对外投资行为会带动半成品和相关产品的出口，即使部分出口被替代了，但总体上仍增加了出口。

随着日本以及随后的东亚国家经济崛起和对外投资的快速发展，针对此类国家的实证研究日益增多。伊顿和塔穆拉（Eaton & Tamura，1996）试图检验日本、美国出口和对外直接投资作为新技术传播渠道的重要性，研究中发现，对于日本而言，对外直接投资与出口是同时存在的，即二者是互补的。他们同时还考察了东道国市场规模、技术复杂度和与母国的距离等因素对出口和对外直接投资的影响。金东君和兰秀英（June - Dong KIM & IN - Soo Rang，1996）对韩国和日本行业层面对外投资数据研究发现，对外直接投资与出口不是替代的，但也没有发现对外直接投资对出口的显著性正向影响。林（Lin，1995）基于中国台湾对东南亚国家的投资和贸易数据研究发现，对外直接投资对二者的双边贸易具有显著的正向影响。

随着新新贸易理论兴起，不断有学者基于企业异质性角度研究对外直接投资与对外贸易的关系，但新新贸易理论的理论模型大都基于水平型对外直接投资，因此大都持替代观点。但基穆拉和喜代太（Kimura & Kiyota，2006）利用1994～2000年日本企业层面面板数据实证研究发现，生产率最高的企业既出口又开展对外投资，这可能是由于跨国公司企业内贸易或第三国出口效应存在造成的，生产率居中的企业出口或开展对外投资，生产率最低的企业只在国内生产并服务于国内市场。出口和对外直接投资不是替代的，而是作为跨国公司国际化经营的互补形式存在。最后研究还发现，出口和对外直接投资能够提升企业生产率，进而提升全国的生产率水平。

1.2.3 权变关系

在替代和互补两种观点之外，部分学者提出了二者的权变关系，即针对不同的时期、不同的贸易细分数据、不同的行业或不同的市场结构，对外直接投资与对外贸易的关系是不断变化的。弗农（Vernon，1966）重点考察了产品差异而不是成本要素差异，依据所需技术密集度的动态变化将产品生产分为三个阶段：创新阶段、成熟阶段和标准化阶段。创新阶段即第一个阶段，知识和技术密集、非标准化的新产品出现，生产者拥有垄断优势和价格主导权，此阶段产品价格昂贵，足以弥补生产的高成本。对于企业而言，此阶段最好的策略是国内生产并出口到国外。成熟阶段，产品生产技术日趋成熟，产品需求价格弹性增大，同时面对国内模仿者和同类产品制造商的竞争，降低生产成本变得异常重要。此时，国内创新型企业开展对外直接投资，而且投资的地区主要是经济发展水平和技术条件与母国相似但要素成本较低的国家和地区。因此，这一阶段对外直接投资替代出口成为创新型企业国际化经营的新途径。标准化阶段，产品生产已经完全标准化，市场竞争加剧，产品生产利润微薄，因此创新型企业将生产转移至要素成本最低的发展中经济体，并从东道国进口此类产品。产品生命周期理论从产品技术成熟度的动态变化视角分析了对外直接投资与对外贸易的权变关系，扩宽了传统贸易理论的研究视角。

佩特里（Petri，1994）结合不同的投资动机阐释了对外直接投资与对外贸易的关系。投资动机不同，与对外贸易的关系也各不相同。市场导向型对外直接投资与对外贸易是替代关系。生产导向型对外直接投资是出于成本最小化原则在全球布置生产环节，此类对外直接投资可以带动母国中间产品、生产设备等出口，同时增加母国从东道国的最终产品进口。贸易促进型对外直接投资的目的是促进母国对外贸易，此类投资与对外贸易是互补的。联合国贸易和发展会议发布的1996年《世界投资报告》指出，对外直接投资与对外贸易的关系因产业而异。在制造业中，企业一般遵循先出口后对外投资的国际化路径，贸易是投资的先导，因此对外投资与对外贸易是替代关系。在资源能源开采和加工部门，对外直接投资的目的是获取资源，因此投资和贸易是互补的。

布洛尼根（Blonigen，2001）利用日本对美国的投资数据研究发现，对于汽车产业而言，日本对美国的直接投资与出口同时具有互补性和替代性；对于最终消费产品而言，日本对美国的直接投资与出口是替代的。黑德和里斯（Head & Ries，2001）基于 1966～1990 年 932 家日本企业的数据，证实日本对外直接投资和出口呈现互补关系，但结果因企业而异，对于不愿将中间产品运送到国外子公司的企业而言，对外直接投资与出口呈现替代关系。斯文森（Swenson，2004）研究发现，理论模型研究中海外生产与对外贸易的替代观点和实证研究中海外生产与对外贸易的互补观点的矛盾源于数据的细分程度差异。斯文森利用 OECD 国家在美国投资的数据研究发现，在产品和产业层面，对外投资与贸易是替代关系，然而在整个制造业层面，对外投资能够带动 OECD 国家出口增长。该研究很好地协调了理论研究和实证研究的观点冲突，认识到了两种观点其实是一体两面的关系。

1.2.4　国内研究

早期国内相关文献主要集中在理论研究方面，随着中国对外直接投资流量和存量快速增长，越来越多的学者开展实证研究，探讨对外直接投资与对外贸易的关系、对外直接投资的贸易效应、对外直接投资与对外贸易的因果关联等议题。

1.2.4.1　理论研究

邱立成（1999）认为，对外直接投资既可以通过带动母国中间产品、资本品、原材料出口，增强母国产品出口竞争力等途径增加母国出口，也可以基于规避贸易壁垒的动机替代母国出口，对外直接投资对母国出口的影响究竟是替代还是互补，主要取决于母国企业的海外生产与国内生产是替代还是互补。母国向东道国出口中间产品比重越大，对外直接投资与出口的互补性越强。梁志成（2001）考虑到国际对外直接投资的新特点，在蒙代尔（Mundell，1957）理论模型基础上结合对外直接投资动机、行业差异、贸易结构、东道国政策因素及技术创新等因素，研究发现对外直接投资与对外贸易处于一个动态变化的过程之中。刘志彪（2002）基于产业层面而不是传统国际贸易和国际投资理论所强调的宏观层面来研究对外直接投资和对外贸易，他从产业经济学角度出发，将市场结构要素（规模经济、差异化产品、交易成本等）纳入对外投资和对外贸易决定模型中。研究发现，对于中国企业或国外企业而言，选择何种方式进入国外市场取决于微观层面的成本收益比，这间接说明对外投资和对外贸易是替代的。张天顶（2008）认为，对外直接投资和出口是企业服务国外市场的两种模式。他将异质性企业（生产率各异的企业）纳入一般均衡分析框架，并进行比较静态分析，发现企业选择何种方式进入海外市场取决于企业生产率。生产率最高的企业选择对外直接投资，生产率最低的企业只服务于国内市场，生产率介于两者之间的企业选择出口。这间接表明对外直接投资与出口是替代关系。高越、李荣林（2008）研究指出，对外直接投资与出口的关系随着不同投资动机和企业差异而有所不同，二者既可能是互补的也可能是替代的。

1.2.4.2 实证研究

部分学者综合运用时间序列计量手段考察了对外直接投资与对外贸易的因果关系。杨宏恩（2007）基于20世纪50～90年代日本对外直接投资和对外贸易数据，论证了日式对外直接投资一直遵循国际投资的边际产业理论。回归结果显示，对外直接投资与母国出口具有单向因果关系，与母国进口具有双向因果关系，并且对外直接投资与进口的关系更加紧密。胡昭玲、宋平（2012）实证研究表明，中国对外直接投资与进出口存在双向因果关系。

部分学者采用国际比较的方式考察了不同国家对外直接投资与对外贸

易的关系。陈石清（2006）认为，对外直接投资与出口的关系不是一个理论问题而是实证问题。汪素芹、姜枫（2008）运用贸易引力模型对比了日本、美国在中国投资对其本国出口的影响，实证研究发现，日本对中国直接投资促进了母国出口，而美国对中国的直接投资抑制了母国出口，即日本的对外直接投资与出口是互补关系，但美国的对外直接投资与出口是替代关系。

更多的研究基于时间序列数据，并综合运用时间序列计量技术检验了中国对外直接投资与对外贸易的关系。张如庆（2005）基于 1982～2002 年中国对外直接投资和进出口贸易数据，考察了中国对外直接投资与进出口贸易的因果关系。熊跃生、古广东（2005）基于 1984～2003 年中国对外直接投资和出口数据，利用协整分析检验对外直接投资与出口是否存在长期稳定关系，研究结果表明，二者存在长期稳定均衡关系，对外直接投资对出口的影响为正，但经济显著性不强，这可能是由于中国对外投资规模较小的缘故。王英、刘思峰（2007）利用 1990～2005 年中国对外直接投资和出口数据研究发现，对外直接投资显著地促进了出口增长。杨晋丽、谭建新（2008）基于中国的数据，运用时间序列方法分析了对外直接投资与出口二者的关系。结果表明，对外直接投资具有显著的出口创造效应，但存在较大的地区差异。动态分析发现，短期内对外直接投资对出口的正向影响程度较小，长期内影响程度较大。俞毅、万炼（2009）运用向量自回归（VAR）模型考察了1982～2007 年中国对外直接投资与对外贸易的关系，研究结果表明，随着产品类型不同，对外投资与进出口的关系呈现较大的差异。

由于中国对外直接投资起步较晚，时间序列所需的长时期大样本数据无法获得，因此大部分研究只有 20 年左右的样本，由于样本量过少，如果还要考虑到滞后影响问题，样本量会更少，这严重影响了估计效力，不能准确地反映中国对外直接投资与对外贸易的关系，因此越来越多的学者开始基于面板数据模型研究二者的关系。项本武（2007）研究发现，中国对外直接投资能够促进本国出口，替代本国进口，对外直接投资的贸易效应存在一定的地区差异。张应武（2007）采用引力模型分析了 2000～2004 年中国对外直接投资与对外贸易的关系，结果表明，对外直接投资与出口呈现互补关系，但未发现对外直接投资与进口存在一定的关联。项本武（2009）基于 2000～2006 年中国对 50 个国家和地区的投资和贸易数据研究发现，长期内，对外直接投资对进出口的促进作用显著。张春萍（2012）结合中国对外直接投资的不同动机，并将样本分为发达国家、资源丰裕类国家、新兴经济体和其他发展中国家后考察了对外直接投资对进出口贸易的影响。结果表明，中国对外直接投资对进出口存在显著的正向影响。分样本回归结果显示，对于不同的投资动机，对外直接投资对进出口的影响程度各异。柴庆青、胡添雨（2012）实证研究发现，总体上，中国对外直接投资的贸易促进作用不显著，但分样本回归结果显示，中国对发展中经济体的直接投资具有显著的贸易促进作用，而对发达国家和地区直接投资的贸易促进作用不显著，其中的原因可能是中国对发展中经济体投资的目的是获取资源，对发达国家投资的目的是规避贸易壁垒。周昕、牛蕊（2012）利用贸易引力模型实证检验发现，中国对外直接投资与贸易既存在替代关系，又存在互补关系。张纪凤、黄萍（2013）构建了一个贸易引力模型并利用 2004～2010 年中国的对外投资和贸易数据研究发现，对外直接投资具有显著的出口促进作用，总体样本和发达国家样本、发展中国家样本回归结果都证实了这一观点。

随着中国对外直接投资实践的不断增加，出现了一些新现象和新特征，其中对外直接投资过程中的"第三方效应"得到了部分学者的关注。谢杰、刘任余（2011）考虑到母国对外投资与对外贸易可能受到"第三方效应"的影响，基于新经济地理理论模型，运用空间计量经济学方法对中国的对外投资活动展开研究。结果表明，中国对外直接投资与贸易是互补关系。王方方、扶涛（2013）利用 2003～2010 年 144 个国家和地区的国际面板数据实证研究发现，中国对外直接投资具有明显的出口创造效应，并且海外子公司生产的产品部分出口到除中国和东道国之外的第三国，即出口平台型对外直接投资在中国对外投资中占据一定比重，并且有不断上升趋势。王方方、杨志强（2013）将异质性企业纳入三国模型同时考虑到"第三方效应"，并利用中国的数据实证研究发现，随着企业生产率的提高，对外直接投资逐渐从贸易引致型向出口平台型转变，即对外直接投资和对外贸易的关系确实受到"第三方效应"的影响。

1.2.5 对外直接投资与对外贸易相关研究的简要评价

通过对国内外文献回顾发现，国际投资和国际贸易理论都是基于本国或一段时期内世界部分主要国家的对外投资和对外贸易实践发展起来的，由于各个国家的差异性，投资目的的不同，不同时期世界经济形势的差异等原因，对外直接投资与对外贸易的关系，很难得到各个理论派别都认可的一致的理论和实证结论。例如，在前面的文献回顾中发现，以内部化理论和折中范式为代表的跨国公司理论，融入了水平型国际投资的一般均衡理论和新新贸易理论，都认为对外直接投资与对外贸易是替代关系，而融入了垂直型和出口平台型国际直接投资的跨国公司理论和基于需求视角考虑的研究，都认为对外直接投资与对外贸易是互补关系。从目前国内外文献来看，二者关系的研究存在以下不足。

第一，理论研究方面，由于发达国家国际贸易和国际投资起步较早，并且发达国家市场经济较为成熟，市场结构更加典型，因此国外的理论研究主要围绕发达国家和地区展开。随着部分发展中国家经济崛起，对外直接投资和对外贸易增长迅速，有关发展中国家对外直接投资与对外贸易关系的研究日益增多，但仍缺乏有关中国对外直接投资与对外贸易关系的系统研究。

第二，国外的理论研究侧重考察对外直接投资与对外贸易规模的关系，忽视了对外直接投资与对外贸易结构的关系。对于一国而言，对外贸易规模反映了一国参与世界经济的活跃度，是一国经济发展和技术进步的重要因素，而贸易结构反映了一国企业在海外市场的盈利能力及贸易竞争力，对一国的经济发展和技术进步影响更大，在某种程度上，对于一国而言，重要的不是出口或进口多少而是出口或进口什么。国内的理论研究主要是基于传统贸易视角或产业组织视角研究对外贸易与对外直接投资的关系，不仅落后于国外相关研究，而且同样未关注对外直接投资与对外贸易结构的关系。

第三，实证方面的研究，国外早期实证研究主要围绕发达国家和地区展开，随着部分发展中国家在国际舞台上日益活跃，对外直接投资和对外贸易不断增长，有关发展中国家对外直接投资影响对外贸易的实证研究日益增多，但由于发展中国家数据的可得性较差，因此相关研究仍旧较少。即使是只围绕发达国家和地区的研究，也由于母国经济发展水平差异、投资行业和地区差异、投资动机差异以及母国和东道国的相对禀赋差异，得到的结论大都不一致。与此同时，国内外的研究大都关注对外直接投资与对外贸易规模的关系，忽视了对外直接投资与对外贸易结构的关系，这可能是由于理论研究滞后造成的。国内研究主要集中在外商直接投资与对外贸易规模的关系上，只有少部分文献考察了中国对外直接投资的贸易结构效应。

第四，国内的实证研究侧重分析中国对外直接投资与出口的关系，或者中国对外直接投资对出口贸易的影响，忽视了对外直接投资与进口的关系。改革开放以来，中国经济高速发展，社会福利不断增加，但学者更多地将中国经济发展、福利增加与出口联系在一起，忽视了进口的重要作用，特别是资本品和中间产品进口对于加剧国内竞争、提升国内技术水平、改善企业管理、激励创新、催熟市场机制和优化产业结构方面的重要影响。同时，由于长期奉行出口鼓励政策，中国贸易结构长期失衡，在此背景下，进口越来越受到企业和政府的重视，研究中国对外直接投资的进口效应成为题中之义。国内的实证研究未考虑到中国对外投资的巨大波动性，因此采用的方法无外乎格兰杰因果检验、协整检验等时间序列方法和面板数据估计方法，得出的结果可能不准确。

1.3 研究思路、方法和创新性

1.3.1 研究思路

本书首先归纳总结了国内外关于对外直接投资与对外贸易关系的研究成果，依据理论假设不同或研究视角差异将不同的理论研究进行分类，全方位多层次地理解二者的关系，以期为对外直接投资贸易效应的研究提供坚实的理论依据。其次，收集来自联合国贸易和发展会议的权威数据，系统总结改革开放以来中国对外直接投资、对外贸易规模、对外贸易结构的发展现状，为对外直接投资与对外贸易规模和对外贸易结构之间的联系提供经验数据支持，并为下文的实证分析打下基础。

在回顾理论和实证研究以及中国对外直接投资和对外贸易发展历程后，结合中国对外直接投资的动机和区位选择，试图探究中国对外直接投资影响对外贸易的作用机制，并运用面板分位数回归方法实证检验了中国对外直接投资的贸易规模效应。更进一步地，为从微观层面分析对外直接投资对贸易的影响，依据新近发展的新新贸易理论，将贸易增长分为扩展边际和集约边际，并分别分析对外直接投资对此二元边际的作用方向和影响程度。为更好地反映中国对外直接投资贸易规模效应的地区差异，分样本回归研究了中国对外直接投资在不同经济发展水平地区的贸易效应。之后，考虑到制成品贸易在中国对外贸易中的重要地位，基于较为先进的分类方法和统计指标描述了中国制成品贸易结构，并实证研究了中国对外直接投资对制成品贸易结构的影响。最后，深入挖掘了对外直接投资贸易效应和贸易规模效应的实证结论所蕴含的丰富政策含义，为目前中国对外直接投资和对外贸易的发展提供一定的政策建议。

1.3.2 研究方法

本书综合运用了系统研究、规范研究、实证研究、比较研究等方法，深入考察了中国对外直接投资的贸易规模效应和贸易结构效应。具体的研究方法如下。

系统研究和重点研究相结合，首先从对外直接投资与对外贸易的关系入手，归纳总结了有关二者关系的理论和实证研究，以便更好地理解对外直接投资如何影响对外贸易，为后续的实证研究提供理论支撑。其次重点研究了中国对外直接投资影响进出口贸易规模和制成品贸易结构的理论机制、作用方向等问题。

规范研究和实证研究相结合，基于理论视角探究对外直接投资对进出口贸易和贸易结构的影响并重点分析中国对外直接投资对进出口贸易规模和制成品贸易结构的影响途径、作用方向和程度等问题。在此基础上，结合中国对外直接投资和对外贸易实践，综合运用多种计量经济学方法，实证分析了中国对外直接投资对进出口贸易规模和制成品贸易结构的影响方向、作用程度。总体而言，本书偏重实证分析。

比较研究法，在总体分析的基础上，按照经济发展水平将样本国家分为中高收入经济体和中低收入经济体，分别考察了中国对不同类别国家（地区）直接投资的贸易规模效应、贸易二元边际效应，并进行了对比分析，以更好地了解不同投资动机和不同的区位分布对中国对外直接投资贸易效应的影响。

1.3.3　研究的创新性

首先，运用面板分位数回归技术检验对外直接投资的贸易规模效应，运用面板分位数回归技术，较为细致地检验了在条件分布的不同分位点处，对外直接投资对进出口贸易规模的影响程度和作用方向。过往研究往往忽视了中国进出口和对外直接投资具有较大波动性这一特征事实，本书考虑到这一现实情况，采取分位数回归技术，更为详细地分析了在不同分位点处对外直接投资对进出口贸易的影响。

其次，检验了对外直接投资对进出口贸易二元边际的影响，过往研究考察了中国对外直接投资对总体贸易增长的影响，尚未考虑中国对外直接投资对贸易增长微观构成的影响。根据新近的企业层面贸易理论，一国出口增长的源泉是扩展边际和集约边际，本书将二元边际的概念延伸至进口贸易的同时，基于中国对多个国家和地区的直接投资和进出口贸易数据，考察了对外直接投资对进出口贸易扩展边际和集约边际的作用方向和影响程度，试图弥补现有实证研究的不足。

最后，研究了中国对外直接投资对制成品进出口贸易结构的影响，在系统阐述了对外直接投资对贸易结构的影响机理后，梳理了中国制成品贸易结构的历史演进和地区差异，在此基础上，研究了中国对外直接投资对制成品进出口商品结构的作用方向和影响程度，并细致考察了对外直接投资对不同类别制成品进出口贸易的影响。

1.4　研究内容与结构安排

本书的研究内容和具体的结构安排如下。

第1章，导论。首先介绍本书的研究背景和意义，随后系统梳理了国内外相关理论和实证研究文献，为本书提供必要的理论支撑。其次，阐明本书的研究思路、研究方法、可能的创新点、研究内容和结构安排，从而方便整体把握本书的框架结构及内容。

第2章，中国对外直接投资与对外贸易的发展及其主要特点。改革开放以来，特别是加入世界贸易组织之后，中国对外贸易发展迅速，与此同时，作为中国融入世界经济重要渠道的对外直接投资发展迅猛，特别是随着"走出去"战略的深入实施，中国对外直接投资获得了超常规发展。因此，有必要从对外直接投资的发展历程、国际地位、区位以及对外贸易的发展历程、商品结构和洲际分布等方面深入了解中国的对外直接投资和对外贸易，并试图寻找对外直接投资与对外贸易规模和对外贸易结构的联系，为进一步分析奠定基础。

第 3 章，中国对外直接投资的贸易规模效应。本章结合不同的对外直接投资动机阐释了对外直接投资影响进出口规模的机制，并基于中国对外直接投资与对外贸易数据，运用面板分位数回归方法检验了中国对外直接投资对进出口贸易规模的影响以及地区差异。

第 4 章，中国对外直接投资的贸易二元边际效应。根据企业层面贸易理论，一国出口增长的源泉是扩展边际和集约边际，过往研究侧重于中国对外直接投资对总出口规模的影响，忽视了对外直接投资对贸易增长微观构成的影响。本书首先将二元边际分析方法扩展至进口贸易，然后基于 2003 ~ 2020 年中国对 68 个国家和地区的直接投资数据和贸易数据，考察了中国对东道国直接投资对出口和进口二元边际的影响，以弥补现有实证研究的不足。

第 5 章，中国对外直接投资的贸易结构效应。对于一国而言，重要的不是进出口多少而是进出口什么，贸易结构不仅能够反映一国企业在国际市场上的盈利能力，而且还是一国贸易竞争力的重要体现。本章首先结合不同的投资动机阐释了对外直接投资对贸易结构的影响，不同的投资动机分布在不同经济发展水平、资源禀赋和技术水平的国家和地区，其产生的贸易结构效应也不相同。其次，着眼于中国制成品进出口贸易结构，并在给出了中国制成品贸易结构演进历程和地区分布的基础上，基于面板数据模型着重研究了中国对外直接投资对制成品进出口贸易结构的影响。

第 6 章，结论与政策建议。本章归纳总结了中国对外直接投资存在的问题和实证检验中得到的结论，在此基础上，挖掘上述结论中蕴含的政策含义并指出本书的不足。

第 2 章　中国对外直接投资与对外贸易的发展及其主要特点

2.1　中国对外直接投资的发展及其主要特点

2.1.1　中国对外直接投资的发展阶段

自改革开放以来，中国对外直接投资获得了长足发展，从无到有，取得了较大的成绩。中国也由一个对外直接投资的边缘国家成长为世界主要的对外投资国。根据国内对外投资政策的变化，可将中国对外直接投资分为六个阶段。

第一阶段（1979～1985 年）：中国对外直接投资从无到有的阶段。这一阶段的主要特点是国务院授权的国有贸易公司和地方经济技术合作企业在国外建立办事处或分支机构。这段时期，国家的重点是积累外汇和吸引外商直接投资，因此为了减少不必要的硬通货流出，国家实行外汇留成制度。只有获得出口许可的公司才能保留一定比例的外汇收入，其余均要上缴国家外汇管理局。由于此种制度安排，只有少数外贸公司具有权限开展对外直接投资。即使拥有此权限的公司，也要经历烦琐的审批手续，即先向国家外汇管理局申请外汇使用资格，取得资格之后向外经贸部（国家商务部前身）或国家计划委员会（国家发展和改革委员会前身）递交对外直接投资项目申请，申请材料包括可行性报告、外汇使用授权、中国所在目标国大使馆的陈词、资本回收计划和目标国法治环境报告等。

即使受外汇留成、不明朗的监管制度和烦琐审批程序的不利影响，这一时期中国对外直接投资仍取得了一定的成绩。在此期间，在境外建立了超过 100 家分支机构或办事处，此类分支机构主要分布在发达国家和地区。据联合国贸易和发展会议的投资报告显示，截至 1985 年，中国对外直接投资大约有 9 亿美元，大大超过了 1982 年的 4 千万美元。在金融、技术咨询和贸易相关的服务行业纷纷建立了中外合资企业。这段时期，投资的主体主要是国有和地方政府所有的企业。例如，1980 年中国外运集团在美国建立了子公司，中国五金矿产进出口公司在中国香港和英国建立了办事处。

第二个阶段（1986~1991 年）：政府允许和鼓励国内企业对外投资。1985 年，外经贸下放了部分审批权限，引燃了非贸易类国有企业对外投资的热情。国家外汇管理局和外经贸部明晰了有关对外直接投资的管理规定，并且在 1989 年首次颁布了有关外汇收入的使用细则，这一举措提高了对外直接投资外汇资金申请程序的透明度。

由于这一时期中国的贸易发展战略由进口替代转向出口导向，为配合此战略转向，不断压低人民币币值，扩大出口以获取外汇收入，同时一些有资质的企业需要在国外建立分支机构和办事处以扩大出口规模。另外，中国政府鼓励实物形式的对外直接投资，此类投资不涉及资金输出，只关乎生产设备、生产技能和原材料出口。

不断透明化和自由化的监管规则、中国企业不断提升的技术和管理水平以及中国政府的鼓励政策大大促进了这一时期中国对外直接投资的发展。根据联合国贸易和发展会议（UNCTAD）投资报告显示，投资项目由

1989 年的 185 项迅猛提升至 1990 年的 801 项。这一时期，大约 70% 的对外直接投资流向发达国家和地区，其余约 30% 的直接投资流向发展中经济体。流向发达国家和地区的直接投资中，大约有 41% 集中在百慕大群岛、加拿大和美国。虽然流向发达国家和地区的直接投资规模较大，但在发展中经济体的投资项目却更多，这表明中国在发达国家和地区的单个投资项目规模更大，而在发展中经济体的投资项目较多但单个投资项目规模较小。对外投资企业已遍布 101 个国家和地区，投资行业由服务行业向交通运输、资源开采、加工装配等多个行业扩展。

第三个阶段（1992～1998 年）：邓小平南方谈话公开表达了对经济改革和市场开放的支持，随后作为中国经济对外开放参与世界经济一体化重要途径的对外直接投资又获得了党和国家领导人的高度重视，这都促进了中国对外直接投资的发展。各级政府积极投身海外经营事业并允许国有企业在政府的监管下于国外设立分支机构。但 1997 年东南亚金融危机爆发前夕，外经贸部加大了对外直接投资审批程序和监管力度，随即国家外汇管理局部分派出机构中止了对外直接投资项目的外汇支持。

在此阶段早期，政府废止了外汇留成制度，这极大地扩充了对外直接投资主体范围。在此之前，只有获得了国际进出口贸易权限的公司才有资格使用其赚取的外汇开展对外直接投资。外汇留成制度废止之后，非贸易类公司可以向国家外汇管理局购买一定数量的外汇存货，然后开展对外直接投资，这大大促进了中国对外直接投资的发展。

根据联合国贸易和发展会议（UNCTAD）投资报告显示，这一时期，大约 59% 的对外直接投资流向发达国家和地区，约 41% 的对外直接投资流向发展中经济体。占中国对外直接投资存量前三位的国家分别是加拿大、美国和澳大利亚，造成这种现状的原因是此时期中国对外直接投资主要是资源寻求型，即主要是为了获取加拿大和澳大利亚的石油和天然气等资源。这段时期，中国企业开始寻求大规模的海外兼并，典型的案例是中国国际信托投资公司购买澳大利亚的矿石企业和美国波特兰的铝冶炼厂。

　　第四个阶段（1999～2001 年）："走出去"战略的提出及入世前的调整时期。这段时期，有关中国企业对外直接投资的政策政出多头，出现不一致甚至矛盾的情形。一方面，中国政府试图通过加强对外投资审批程序和资本管控规范超量且管理不善的对外直接投资行为；另一方面，各级机构又出台了各种政策鼓励轻工行业的企业对外投资。例如，1998 年召开的外经贸工作会议提出要"积极引导和推动我国具有比较优势的加工工业在外国当地开展生产加工和装配，鼓励有经济实力、有技术力量的企业到境外投资办厂"，并于 1999 年为鼓励轻纺、家电和机械电子等行业企业在海外投资办厂提供优惠政策（《关于鼓励企业开展境外带料加工装配业务意见的通知》《关于发布〈境外所得计征所得税暂行办法〉（修订）的通知》）。

　　这一时期，对中国对外直接投资影响最大的是"走出去"战略。"走出去"战略为中国企业开展对外直接投资提供了强有力的、公开的政策支持和制度保障。根据联合国贸易和发展会议（UNCTAD）投资报告显示，这段时期，中国对外直接投资主要流向发展中经济体，对发展中经济体的投资存量平均每年比上期增加了 22%，其中平均每年对非洲的投资增加了 9%，拉丁美洲和加勒比海地区增加了 7%，东亚和南亚增加了 4%。流向发达国家和地区的投资减少，其中平均每年对北美的投资存量减少了 13%，对亚洲和大洋洲的投资存量减少了 10%。截至 2001 年，中国对外直接投资覆盖全球 149 个国家和地区。

　　第五个阶段（2002～2016 年）：入世和"走出去"战略加快实施。随着 2001 年 12 月 11 日《中国加入世贸组织议定书》正式生效，中国正式成为世贸组织成员，为对外投资提供了良好的外部环境和必要的外部压力，同时，"走出去"战略加快实施改善了中国企业开展对外经营的国内政治和经济环境，为中国对外直接投资快速发展提供了重要保障。加入世贸组织后，中国需要逐步开放国内市场，降低关税，遵守"最惠国待遇"原则。国外投资者和进口商的大批涌入加剧了国内市场竞争，促使国内企业特别是私营企业纷纷将目光转向国外市场。

在此背景下，政府放松了管制政策并采取各种激励措施鼓励企业对外直接投资。第一，下放对外投资审批权限；第二，简化甚至废止了审批材料中可行性研究报告部分，重点加强对市场竞争力和管理能力的考察；第三，对国际资本流动的管理和控制力度降低；第四，开展对外直接投资的企业无须在国家外汇管理局存有储备金，并且被允许在国际资本市场融资以帮助对外直接投资活动。与此同时，商务部和国家外汇管理局也通过放松对外直接投资数额限制、下放审批权限、上调审批资金规模等措施促进对外直接投资的发展。

第六个阶段（2017年至今）：自2016年底，中国加强对企业对外投资真实性、合规性的审查和引导，同时随着中美经贸竞争加剧，全球化走向区域化，价值观成为左右投资的重要因素，美国及盟友对来自中国的投资加大审查力度，导致对外直接投资持续负增长。部分企业盲目对外投资，忽视东道国政治、经济风险，导致生产经营困难。部分企业重点投资境外房地产、金融等领域，扰乱中国资金进出平衡。部分企业逃避东道国的环保要求、自身承担的社会责任及当地社区的利益诉求，引发一些矛盾和纠纷，造成经济损失，同时损害国际形象。因此，国家加大对国内企业境外投资的审查力度，规范对外投资行为。

考虑到数据的可得性，本书重点考察了1982年以来中国对外直接投资的变动趋势并得到表2-1和图2-1。从表2-1和图2-1可知，1982～1985年，中国对外直接投资处于起步阶段，规模不大但发展迅速，增长率最高达到369.40%。1986～1991年，对外直接投资规模基本稳定在6亿～9亿美元之间，规模仍在不断增长但增幅有限。1992～1998年，即中国对外直接投资的第三个阶段，对外直接投资流量仍处于低值徘徊状态，流量规模较小且波动幅度不大。由增长率可知，第三阶段的末期即1998年，对外直接投资流量增长幅度突降，这可能是由于当时部分国际合资公司侵吞国有资产引发国家外汇管理局部分派出机构中止了对外直接投资项目的外汇支持。在第四个阶段（1999～2001 年），对外直接投资流量经历了先降低后迅猛提升至高位的过程。由 1998 年的 26.33 亿美元降至 1999 年的 17.74 亿美元，后继续降至 2000 年的 9.15 亿美元的历史低值，随即迅猛提升至 2001 年的 68.85 亿美元，增长率也由 -32.63% 降至 -48.38%，后又快速回升至 651.86%。自中国开展对外直接投资以来，没有其他任何一个阶段的波动程度能够与此阶段匹敌。其中的原因可能是前面提到的此阶段有关对外直接投资的政策经常出现自相矛盾的情形，早期的中国对外直接投资更易受政策影响，因此政策的变化极易引致对外直接投资流量的剧烈波动。

表 2-1　　　　中国对外直接投资流量及其增长率（1982～2020 年）

项目	1982 年	1983 年	1984 年	1985 年	1986 年	1987 年	1988 年	1989 年	1990 年	1991 年
流量	0.44	0.93	1.34	6.29	4.50	6.45	8.50	7.80	8.30	9.13
增长率	—	111.36	44.08	369.40	-28.45	43.33	31.78	-8.23	6.41	10.00
项目	1992 年	1993 年	1994 年	1995 年	1996 年	1997 年	1998 年	1999 年	2000 年	2001 年
流量	40.00	44.00	20.00	20.00	21.14	25.62	26.33	17.74	9.15	68.85
增长率	-338.11	10.00	-54.54	0.00	5.70	21.21	2.78	-32.63	-48.38	651.86
项目	2002 年	2003 年	2004 年	2005 年	2006 年	2007 年	2008 年	2009 年	2010 年	2011 年
流量	25.18	28.54	54.97	122.61	211.60	265.10	559.10	565.30	688.11	746.54
增长率	-63.42	13.35	92.59	123.01	72.57	25.28	110.90	1.11	21.72	8.49
项目	2012 年	2013 年	2014 年	2015 年	2016 年	2017 年	2018 年	2019 年	2020 年	
流量	878.04	1078.44	1231.20	1456.67	1961.49	1582.88	1430.37	1369.08	1537.10	
增长率	17.61	22.82	14.16	18.31	34.66	-19.30	-9.63	-4.29	12.27	

资料来源：中国对外直接投资数据来源于联合国贸易和发展会议统计数据库，增长率数据系计算得到。

自 2002 年以来（对外直接投资的第五个阶段），中国对外直接投资在经历了首期的大幅下降后，进入了高速发展时期。在经历了 2001 年的非理性高速增长后，对外直接投资行为迅速回归理性并降至此前的平均水平 25.18 亿美元。此后在入世和"走出去"战略加速实施的大背景下，中国对外直接投资迅猛发展，由 2003 年的 28.5 亿美元连年高速增长跃至 2011

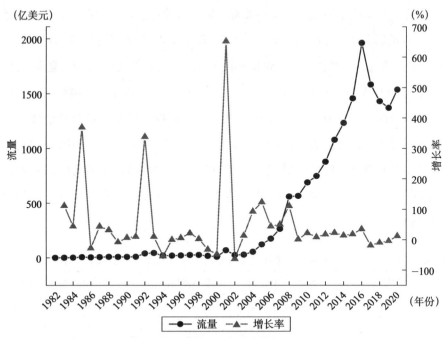

图 2 - 1   中国对外直接投资流量变动趋势（1982 ~ 2020 年）

资料来源：联合国贸易和发展会议统计数据库。

年的 746.5 亿美元，增长率不断攀升，由 2003 年的 13.35% 升至 2005 年的 123.01%，2007 年增长率有所降低，可能是由于 2007 年蔓延开来的金融危机使得国际经济局势不明朗，中国企业暂时放缓了对外直接投资的步伐。随着金融危机不断瓦解西方的信用体制和金融机构，西方主要发达国家流动性枯竭，国内资产价格缩水，中国企业纷纷利用拥有的充裕资金抄底国外资产，对外直接投资迅猛增长至 559.1 亿美元，增长率达 110.90%。2009 年在经历了 2008 年的疯狂以及国际金融危机对中国实体经济产生了一定影响之后，中国跨国企业放缓了对外直接投资的步伐，保持对外直接投资规模的同时等待进一步的机会。随着世界经济进入后金融危机时期，西方经济疲软，考虑到中国人民币持续升值的压力以及庞大外汇储备面临的贬值风险，中国继续鼓励对外直接投资，并一跃成为世界最主要的六大对外直接投资经济体之一。

随着国家加强对外投资真实性和合规性审查以及国际形势变化，2016年对外投资流量创历史新高后，连续三年大幅减少。值得关注的是，随着中美经贸竞争加剧，美国加强对来自中国投资的审查，中国对美国投资出现较大波动，并且价值观及价值观认同在跨国公司投资贸易决策和东道国招商引资决策中重要性上升，中国对欧美日等地区的投资受到一定限制，多种因素共同作用下，2016年中国对外投资出现拐点。2020年，得益于国内新冠肺炎疫情率先得到控制，投资和贸易领先全球逐步恢复，对外投资流量反弹，但绝对规模仍低于2016年峰值以及2017年的水平，总体上对外投资流量进入震荡下行周期。受区域战争、能源价格波动、中美竞争常态化等因素影响，全球投资信心不足，预期转弱，中国对外直接投资流量较难突破前期峰值。

同样得到1982年以来中国对外直接投资存量的变动趋势如图2-2所示。由图2-2可知，中国对外直接投资存量一直呈现上升趋势，但增长率

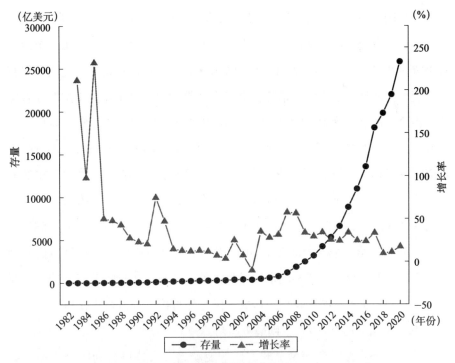

图2-2　中国对外直接投资存量变动趋势（1982~2020年）

资料来源：联合国贸易和发展会议统计数据库。

在各个时期存在一定差异。1982~1985年，虽然中国对外直接投资存量规模较小，但增幅显著，且由于基数小增长率波动幅度较大，增长率最高达232.10%，第二阶段增速下滑但仍保持20%以上的较高水平，第三和第四阶段平均增速继续下滑，大体保持在10%左右。进入第五阶段特别是2004年之后增长速度明显加快，总体维持在30%以上的较高水平。第六个阶段增速回落，增速的中枢由30%降至15%，主要原因是基数扩大，对外投资流量增速放缓。

2.1.2 对外直接投资规模的国际比较

2.1.2.1 中国对外直接投资占全球对外直接投资的份额

为了清晰地了解中国对外直接投资在国际资本流动中的地位，本书首先给出了中国对外直接投资流量和存量分别占全球对外直接投资流量和存量的比重，如图2-3所示。依照前面的分段方法，可以看出1982~1985年中国对外直接投资流量的全球占比持续上升，由0.16%升至1.01%。第二个阶段即1986~1991年，中国对外直接投的全球占比基本稳定在0.40%左右，偶有下降但整体波动幅度不大。第三和第四阶段即1992~2001年，中国对外直接投资占全球的比重整体呈下降趋势，由1992年的1.97%下降至2000年的0.07%，虽然2001年反弹至0.90%，但整体来看仍保持下降态势。第五阶段即2002~2016年，中国对外直接投资流量的全球占比震荡上行，并且在2008年（全球金融危机前一年）和2012年（欧洲债务全面爆发后的第一年）流量占比两次跃上新台阶，前一次由1.21%提高至3.26%，后一次由4.58%提高至6.79%。第六个阶段即2017年以来，中国对外直接投资流量占比波动幅度变大，但在全球投资不确定性增强，预期转弱和新冠肺炎疫情冲击等背景下，其他国家投资明显减少，造成中国对外直接投资流量占比持续震荡上行，2020年比重达19.69%，创历史新高。

中国对外直接投资存量全球占比的变动趋势大体可分为四个时期。第一个时期（1982~1994年），中国对外直接投资存量全球占比持续上升，

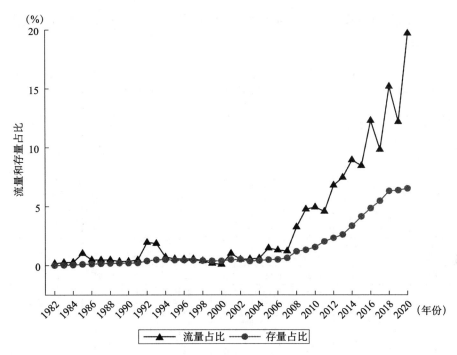

图 2 - 3 中国对外直接投资全球占比 (1982～2020 年)

资料来源：原始数据来自联合国贸易和发展会议统计数据库，比重系计算得到。

由 1982 年的 0.01% 上升至 1994 年的 0.50%，这与中国对外直接投资流量全球占比在此期间不断提升不无关系。第二个时期（1995～2007 年），中国对外直接投资存量全球占比偶有下降但基本稳定在 0.45% 左右。第三个时期（2008～2018 年），金融危机后中国经济率先复苏，叠加境外资产加速贬值，中国对外投资大幅增长，占全球投资的比重快速升高，由 2008 年的 1.18% 提升至 2018 年的 6.31%。第四个时期（2019 年至今），受基数升高及中国对外投资流量增速放缓等因素影响，存量全球占比的增速放缓，基本稳定在 6.40% 左右。

2.1.2.2 与世界主要国家和地区对外直接投资规模的比较

在给出了中国对外直接投资流量和存量全球占比的基础上，进一步将中国对外直接投资与世界主要国家和地区的对外直接投资进行对比。重点选取了世界几个主要发达国家和新兴经济体与中国进行比较，以更好地了

解中国对外直接投资在全球资本流动中所处的位置，由于篇幅有限只给出
1992 年以来的国际比较，见表 2 - 2。

表 2 - 2　中国与世界主要国家和地区对外直接投资流量的比较（1992~2020 年）

单位：亿美元

年份	美国	德国	英国	法国	日本	中国香港	中国	新加坡	俄罗斯	印度
1992	426	186	201	319	173	83	40	13	16	0
1993	772	172	273	197	139	177	44	22	10	0
1994	733	189	342	245	181	214	20	46	3	1
1995	921	390	481	157	226	250	20	73	6	1
1996	844	508	364	301	234	265	21	92	9	2
1997	958	418	606	359	260	244	26	123	32	1
1998	1310	888	1228	490	242	166	26	35	12	0
1999	2094	1087	2034	1269	227	222	18	81	22	1
2000	1426	571	2327	1619	316	541	9	68	32	5
2001	1249	399	572	528	383	181	69	202	25	14
2002	1349	189	538	233	323	132	25	28	35	17
2003	1294	56	642	184	288	121	29	37	96	19
2004	2949	203	1032	230	310	436	55	131	137	22
2005	154	745	886	681	458	270	123	126	167	30
2006	2242	1167	811	768	503	445	176	201	298	143
2007	3935	1693	3359	1106	735	642	265	409	438	172
2008	3083	715	1982	1033	1280	484	559	80	567	211
2009	2879	685	290	1009	747	592	565	320	344	161
2010	2778	1255	481	482	563	862	688	354	411	159
2011	3966	779	956	514	1076	963	747	319	486	125
2012	3182	622	207	354	1225	834	878	205	284	85
2013	3034	395	405	204	1357	808	1078	453	707	17
2014	3330	841	-1513	498	1308	1241	1231	525	642	118
2015	2644	990	-668	532	1362	718	1457	452	271	76
2016	2845	637	-376	648	1559	597	1961	369	270	51
2017	3278	865	1424	360	1646	867	1583	627	342	111
2018	-1574	972	830	1020	1450	822	1430	222	358	114
2019	286	1373	-61	338	2326	532	1369	556	220	131
2020	2349	606	-654	460	957	1007	1537	318	68	111

　　资料来源：原始数据来源于联合国贸易和发展会议统计数据库，根据四舍五入原则得到表中
数据。

由表 2 - 2 可知，1992 年中国对外直接投资流量明显小于世界主要发达国家，但高于印度和俄罗斯。彼时中国对外直接投资流量只有美国的9.3%，2000 年甚至只有美国的 0.6%、英国的 0.3%，同时在 2003 年以前的大部分年份低于新加坡和俄罗斯。2003 年以后，中国对外直接投资流量持续增长，特别是金融危机发生之后更是有赶超原有投资大国的趋势。相反，欧洲国家特别是英国，受金融危机的影响对外直接投资流量急速下滑。中国对外直接投资持续增加，于 2011 年超过了法、英、德等传统投资大国，之后长期保持在全球前三位，2020 年仅次于美国位居全球第二位。对于发达经济体而言，2003~2008 年（除 2006 年外），美国和英国始终位居全球前两位，但金融危机后，英国对外投资大幅减少，而且波动幅度较大，个别年份由于境外资本回流，投资出现负值，日本取而代之长时间占据第二位。法国和德国对外直接投资受金融危机影响同样较大，特别是法国，2008 年以来对外直接投资流量持续下降，个别年份如 2018 年虽有所反弹，但总体上不及危机前的水平。

自 1992 年以来，除个别年份，美国始终是全球最大的对外投资国，其中 2018 年、2019 年受特朗普总统税改政策，以及"再工业化"战略影响，跨国公司资金大规模回流，美国对外投资大幅减少，2018 年为 - 1574.06 亿美元，2019 年为 285.96 亿美元，跌出全球前二十位。2003~2014 年，得益于能源价格快速反弹，俄罗斯对外直接投资发展较为迅速，但之后受到能源价格回调、区域政治事件以及国际制裁等因素影响，俄罗斯对外投资大幅减少。新兴经济体中印度和巴西对外直接投资在金融危机之后表现乏力，这可能是由于其特殊的国内经济环境、发展模式和外汇政策导致的。

表 2 - 3 列出了全球对外直接投资流量排名前十位的经济体，限于篇幅，仅列出 2003 年以来的数据。由表 2 - 3 可知，金融危机前，对外投资的来源国主要是美国和欧盟国家，其中美国、英国在多个年份分别位列第一、第二位。金融危机特别是欧洲债务危机爆发后，欧洲国家对外投资大

幅减少，日本、中国香港和中国排名快速上升，在 2012～2014 年均进入前四位。受国内政策影响，2018 年、2019 年美国资本回流本土，对外投资规模急剧收缩，全球最大的投资国地位被日本取代，同时，法国、德国对外投资规模有所增加，排名位居全球前三。2020 年，美国对外投资规模爆发式增长，再次成为最大的对外投资国，中国位列全球第二。

表 2 - 3　　全球对外投资流量排名前十位的经济体（2003～2020 年）单位：亿美元

年份	第一位	第二位	第三位	第四位	第五位	第六位	第七位	第八位	第九位	第十位
2003	美国	英国	荷兰	比利时	日本	西班牙	加拿大	瑞典	法国	瑞士
2004	美国	英国	西班牙	中国香港	加拿大	荷兰	比利时	日本	瑞士	瑞典
2005	荷兰	英国	德国	法国	瑞士	日本	西班牙	意大利	比利时	瑞典
2006	美国	德国	西班牙	英国	法国	瑞士	荷兰	比利时	日本	加拿大
2007	美国	英国	德国	西班牙	法国	意大利	比利时	日本	卢森堡	加拿大
2008	美国	英国	日本	法国	加拿大	西班牙	德国	荷兰	意大利	俄罗斯
2009	美国	法国	日本	德国	塞浦路斯	中国香港	中国	加拿大	维尔京	俄罗斯
2010	美国	德国	中国香港	瑞士	中国	荷兰	日本	维尔京	法国	英国
2011	美国	日本	中国香港	英国	德国	中国	维尔京	意大利	加拿大	法国
2012	美国	日本	中国	中国香港	塞浦路斯	德国	加拿大	维尔京	瑞士	比利时
2013	美国	日本	中国	中国香港	俄罗斯	荷兰	维尔京	加拿大	卢森堡	新加坡
2014	美国	日本	中国香港	中国	德国	维尔京	俄罗斯	塞浦路斯	加拿大	荷兰
2015	美国	荷兰	爱尔兰	中国	日本	德国	瑞士	中国香港	开曼	加拿大
2016	美国	中国	荷兰	瑞士	日本	加拿大	法国	德国	中国香港	西班牙
2017	美国	日本	中国	英国	中国香港	德国	加拿大	新加坡	西班牙	维尔京

续表

年份	第一位	第二位	第三位	第四位	第五位	第六位	第七位	第八位	第九位	第十位
2018	日本	中国	法国	德国	英国	中国香港	加拿大	瑞士	维尔京	比利时
2019	日本	德国	中国	加拿大	新加坡	中国香港	维尔京	韩国	塞浦路斯	法国
2020	美国	中国	卢森堡	中国香港	日本	德国	加拿大	法国	维尔京	韩国

资料来源：联合国贸易和发展会议统计数据库。

伴随对外直接投资流量大幅增长，中国对外投资存量规模不断提升，2019 年、2020 年连续两年位居全球第三位。限于篇幅，图 2 - 4 仅刻画 2003 年以来主要经济体对外投资存量排名。由图 2 - 4 可知，美国始终是最大的对外投资来源国。2013 年（含）之前，英国、德国分列全球对外投资的第二位和第三位。2013 年之后，荷兰、英国分别位居全球对外投资的第二位和第三位，与此同时，中国对外直接投资的全球排名持续攀升，于 2018 年首次超过英国位列全球第三，2019 年和 2020 年维持第三的排位，

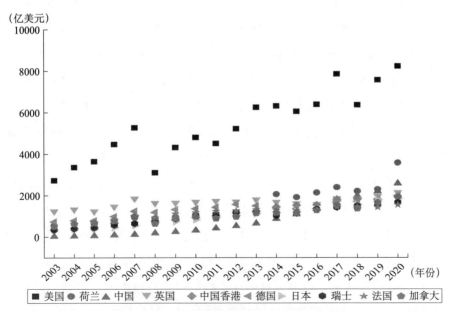

图 2 - 4　全球主要经济体对外投资存量

资料来源：原始数据来自联合国贸易和发展会议统计数据库。

但存量规模与荷兰的差距有所拉大。整体上看，全球前两位投资存量国，特别是美国的领先优势不断扩大，其他主要经济体之间的差距在不断缩小，在图2-4对应为其他主要经济体之间的排列更为紧密，而美国的对外投资存量"一骑绝尘"。

2.1.3 中国对外直接投资的区位和行业分布

2.1.3.1 中国对外直接投资的洲际分布

有关中国对外直接投资的详细数据始于2003年，因此以下的样本考察期为2003~2020年。首先考察中国对外直接投资分布的广度，使用投资覆盖率指标表示，即接纳中国直接投资的经济体数目占所有国家（地区）数目或该区域（主要指全球各洲）国家数目的比重。2003年以来，中国对外直接投资的地区覆盖率如图2-5所示，2018年和2019年中国对外直接投资统计公报未公布境外投资覆盖率数据，因此这两年数据缺失。

2020年，中国对外直接投资已覆盖全球80.80%的国家和地区，覆盖率较上年下降0.30个百分点，自2016年（81.97%）创历史高峰后不断下降。就洲际覆盖率而言，中国对外直接投资在亚洲覆盖率最高，2020年为95.70%，较2017年下降2.20个百分点，时间序列数据显示除个别年份外，覆盖率总体维持在80%及以上，这与亚洲国家与中国距离较近，文化、语言相似等多种因素紧密相关。2020年，中国对外直接投资覆盖87.80%的欧洲国家和地区，覆盖率仅次于亚洲，与上年基本持平。中国对外直接投资在欧洲的覆盖率波动较大，2003~2005年覆盖率不断提高，2005年攀升至85%，但2006年大幅下降，仅为45.00%，创历史新低，随后震荡上行，并于2017年超过非洲占据第二位。中国对外直接投资在非洲的覆盖率总体稳定，且近年来呈上升趋势，2020年覆盖率为86.70%，与2017年基本持平。在中国对外直接投资统计公报中，"北美"包括美国、加拿大、百慕大群岛和格兰陵等地区，是政治地理学意义上的北美，不包括墨西哥、洪都拉斯、开曼群岛等国家和地区，因此仅有4个国家或

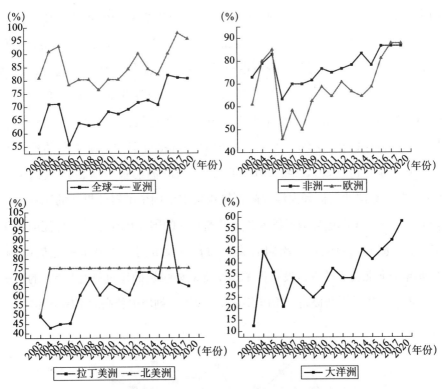

图 2 - 5　中国对外直接投资的全球和洲际覆盖率（2003 ~ 2020 年）

资料来源：比重依据历年《对外直接投资统计公报》整理得到，2018 年、2019 年数据缺失。

地区纳入北美的概念范畴，这导致中国对外直接投资在北美洲的覆盖率常年稳定在 75.00%。中国对外直接投资在拉丁美洲的覆盖率在 75% 以下，且在 2016 年前震荡上行，2016 年之后不断下降。在大洋洲的投资覆盖率最低，始终未突破 60%，这与大洋洲的国家或地区构成有关，但近年来覆盖率不断提高，由 2006 年的 20.83% 上升至 2020 年的 58.30%。

　　中国对外直接投资在全球和各个大洲的覆盖率反映了对外投资的广度，尚不能反映对外直接投资规模在各大洲的差异，为了反映中国对外直接投资在各个大洲的投资深度，即中国对各大洲投资规模占全部投资的比重，详细结果如图 2 - 6 和图2 - 7 所示。由图 2 - 6 可知，中国对外直接投资主要流向亚洲，其次是拉丁美洲。考察期内，流向亚洲的直接投资占中国全部对外直接投资的至少 50.00% 以上，且 2005～2008 年这一比重持续升高至 77.89%，自 2009 年以来该比重持续震荡但总体维持在 70.00% 左右。虽然流向拉丁美洲的投资所占比重仍较大但总体呈现下滑趋势，特别是在 2005 年达到峰值 52.74% 后持续下降，受金融危机影响 2008 年创下6.58% 的历史次低值（2019 年为 4.67%，为历史最低），近几年呈现回升势头，总体保持在 10.00% 左右。中国对外直接投资的第三大目的地是欧洲，除个别年份（2011 年、2017 年），流向欧洲的投资所占比重稳定在5% 左右。流向北美洲和大洋洲的直接投资占中国全部对外投资的比重一直较低，这与北美洲包含国家较少和大洋洲特殊的国家构成有关。与流向拉丁美洲、欧洲的投资类似，流向北美洲的直接投资同样深受金融危机影响，2008 年流向北美洲的直接投资占中国全部对外投资的比重只有 0.6% 的历史最低水平，随后不断提高，2016 年达 10.38%，创历史新高后不断下降。

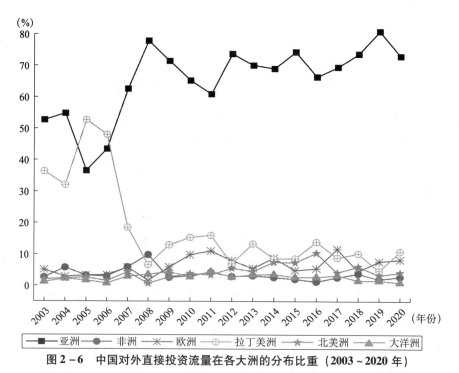

图 2－6　中国对外直接投资流量在各大洲的分布比重（2003～2020 年）

资料来源：比重依据历年《对外直接投资统计公报》计算得到。

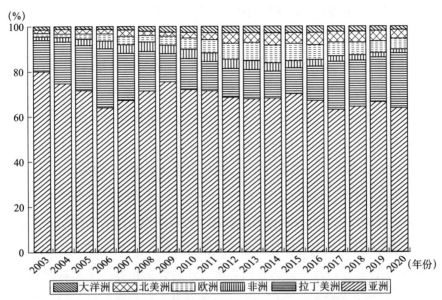

图 2 - 7　中国对外直接投资存量在各大洲的分布比重（2003～2020 年）

资料来源：比重依据历年《对外直接投资统计公报》计算得到

由图 2 - 7 可知，中国对外直接投资存量的洲际分布与流量大体一致，主要分布在亚洲和拉丁美洲，对外投资存量在亚洲的比重大体在 70% 左右，2020 年该比重为 63.74%，为 2003 年以来历史次低值（2017 年为 62.98%）。金融危机前，在拉丁美洲投资的存量占比不断提高，2006 年该比重为 26.25%，为考察期内的最大值。金融危机后比重明显下降，2015 年创历史新低（11.51%），随后有所回升，2020 年该比重为 24.41%，为考察期内的次高点。从流向亚洲和拉丁美洲这两个主要目的地投资存量占比来看，中国对外直接投资的多元化程度呈现先提高后下降的走势。中国对外直接投资存量的第三个主要分布区域是欧洲，且以 2014 年为分界，其占比重呈先上升后下降的趋势。北美洲、非洲和大洋洲分别是中国对外直接投资的第四、第五和第六个分布地。由中国对外直接投资流量和存量的洲际分布比例来看，中国对外直接投资分布较为集中，主要分布在亚洲，对欧美国家的投资略显不足。

2.1.3.2　中国对外直接投资的国家地区分布

图 2-8 刻画了中国对外直接投资流量的前二十位和前三位目的地，由图 2-8 可知，考察期内，中国对外投资最主要的二十个目的地吸收的投资流量占中国全部对外投资的比重由 2003 年的 96.86% 下降至 2013 年的 90.01%，中间年份虽有小幅上升，但总体呈现下降趋势，2013 年之后该比重有所提高，在 2015 年攀升至 114.50% 的高点后（流向二十名之后目的地的投资出现负值）震荡下行，2020 年该比重为 91.82%。总体来看，中国对外直接投资流向较为集中，但集中度有所下降，特别是"一带一路"倡议提出后，对外投资更趋分散化。考察期内，吸收中国对外直接投资流量最多的三个地区，其流量占全部投资的比重在 60% 以上，2006 年甚至达到 86.77%，这其中流向中国香港、开曼群岛和英属维尔京群岛的投资最多，造成这种情况的原因一方面可能是此三地税负较低，因此吸引了

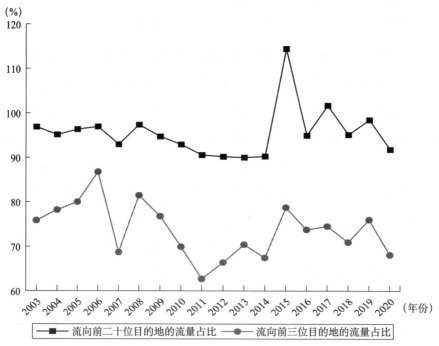

图 2-8　中国对外直接投资前二十位的国家（地区）流量占比（2003~2020 年）

资料来源：根据历年《对外直接投资统计公报》整理得到。

中国大批资金流入，另一方面可能是由于本国资金为了获得外资优惠政策，因此先流向境外并包装成外资进入国内获取优惠政策。

图2-9给出了中国对外直接投资存量的地区分布情况，分别刻画了前二十位目的地的投资存量占全部投资存量的比重，以及历年前五位的投资目的地。由图2-9可知，前二十位目的地投资存量占比先下降后提高，2013年以前该比重由96.81%下降至88.75%，之后不断提升，2020年为93.41%，回到了2008年的水平。该比重的走势表明，中国对外直接投资的集中度经历了先下降后提高的过程，早期对外投资体量较小，不断开拓新的市场，集中度有所下降，随着投资规模提升，在经贸联系强化的惯性下，特别是近年来区域化取代全球化成为全球经贸的主旋律，对外投资的集中度有所上升。2020年末，中国对外直接投资存量前五位的国家（地区）分别是中国香港、开曼群岛、英属维尔京群岛、美国和新加坡。2003年以来，中国香港始终是中国对外直接投资存量的最主要分布地，开曼群

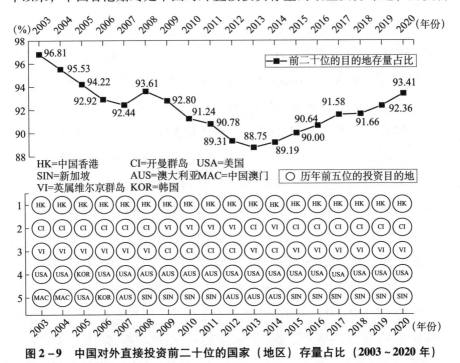

图2-9　中国对外直接投资前二十位的国家（地区）存量占比（2003~2020年）

资料来源：根据历年《对外直接投资统计公报》整理得到。

岛和英属维尔京群岛始终位列中国对外直接投资的前三位。因铁矿石、天然气等资源和能源较为丰富，澳大利亚在较长一段时期（2008～2014 年）是中国对外直接投资存量前五位的国家（地区）之一。2015 年以来，美国和新加坡始终是中国对外直接投资存量排名第四位、第五位的目的地。由此可见，中国对外直接投资存量集中分布在部分发达国家（地区）和一些资源丰富的国家（地区）。排名前二十位国家（地区）中也有以蒙古国、印度尼西亚、柬埔寨为代表的亚洲发展中国家，但大都处在十五位之后。

2.1.3.3 中国各省份对外直接投资规模

图 2 – 10 刻画了按照东、中、西部以及东北三省划分的地方对外投资流量和存量的时间走势。由图 2 – 10 可知，不论从投资流量还是投资存量来看，东部地区是地方对外直接投资的主力军，在地方全部投资中的比重远大于中部地区和西部地区（这里东部地区包括北京、天津、河北、上海、江苏、浙江、福建、山东、广东和海南，中部地区包括山西、内蒙古、安徽、江西、河南、湖北、湖南和广西，西部地区包括四川、贵州、云南、陕西、甘肃、西藏、青海、宁夏和新疆，东北三省包括辽宁、吉林和黑龙江）。2020 年，东部地区投资流量为 713.88 亿美元，占地方投资流量的 84.13%，同比提高 4.73%；中部地区投资流量占比为 8.17%，同比下降 1.98 个百分点；西部地区投资流量占比为 6.97%，同比下降 1.73 个百分点；东北三省占比为 0.72%，同比下降 0.68 个百分点。从降幅来看，东北三省下降幅度最大。2020 年末，各区域的存量占比分别是东部 82.84%，西部 7.74%，中部 6.96%，东北三省 2.46%。自 2003 年以来，东部地区的投资始终是地方对外直接投资的最大构成，其占地方全部投资的比重在金融危机期间虽有所下降，但随后缓慢回升，基本恢复到危机前的水平。2003～2020 年，西部地区投资存量占比略高于中部地区，位居第二，其流量占比在 2011～2017 年高于中部地区，但之后被中部地区超越。金融危机前，东北三省的存量、流量占比高于中部和西部地区，但之后不断下降，2020 年末存量占比已创历史新低，2020 年流量占比同样创历史新

低，仅为 0.72%。由图 2 - 10 可知，金融危机以来各地区占比的差距呈扩大趋势，投资流量和存量进一步向东部地区集中。

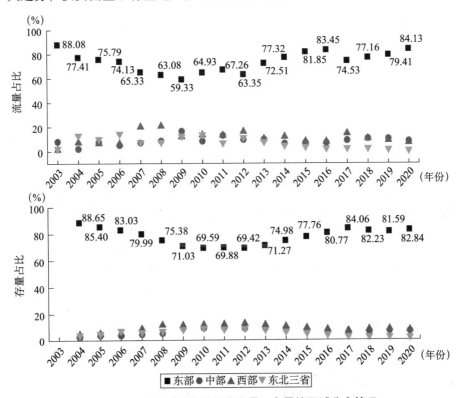

图 2 - 10　地方对外直接投资流量、存量按区域分布情况

资料来源：根据历年《对外直接投资统计公报》整理得到，数据为非金融类直接投资。

　　具体来看，2020 年广东、上海、浙江、江苏、山东、北京、福建、湖南、四川、天津列地方对外直接投资流量前十位，合计 740.01 亿美元，占地方对外直接投资流量的 87.21%。2020 年末，广东省以 2278.18 亿美元的存量位列地方对外直接投资存量之首，其次是上海市 1364.35 亿美元，其后依次为北京、浙江、山东、江苏、天津、福建、河南、安徽等。在 5 个计划单列市中，深圳以 1576.07 亿美元位列第一，占广东省对外直接投资存量的 69.18%，宁波市以 186.59 亿美元位列第二，占浙江省存量的 24.96%。

2.1.3.4　中国对外直接投资的行业分布

中国对外直接投资的行业分布较为集中，主要流向租赁商务服务业、批发和零售业、信息传输软件和信息服务业。图 2-11 给出了中国对外直接投资流量的行业分布，限于篇幅，仅刻画 2006 年和 2020 年两年的情况（2006 年之前，金融类直接投资数据无法获取）。由图 2-11 可知，2020 年中国对外直接投资涵盖国民经济的 18 个行业大类，与 2006 年基本持平。按照流量排名，租赁和商务服务业、制造业、批发和零售业位居前三，而 2006 年，排名前三的分别是采矿业、租赁和商务服务业、金融业。制造业跻身前三位，与 2016 年后中国加大投资范围的审查力度有关。从总量规模的变化情况看，18 个行业大类中仅采矿业、文化体育和娱乐业投资规模萎缩，其中 2020 年文化体育和娱乐业投资为 -21.33 亿美元，较 2006 年减少 21.35 亿美元。从行业占比的变化情况来看，批发零售业、信息传输软件和信息技术服务业占比的增幅居前两位，采矿业、金融业占比的降幅居前两位。2020 年，采矿业、金融业、交通运输仓储和邮政业、文化体育和娱乐业、农林牧副业投资流量占比分别为 3.99%、12.79%、4.06%、-1.39%、0.70%，较 2006

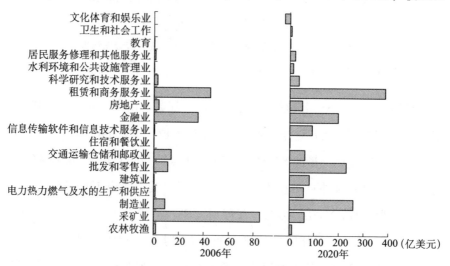

图 2-11　中国对外直接投资流量的行业分布

资料来源：根据历年《对外直接投资统计公报》整理得到。

年分别下降 36. 36 个百分点、3. 89 个百分点、2. 45 个百分点、1. 39 个百分点
和 0. 17 个百分点，其他行业投资流量占比均有所提高，其中批发零售业、信
息传输软件和信息技术服务业占比明显提高。

2. 2　中国对外贸易的发展及其主要特点

2. 2. 1　中国对外贸易的发展历程

　　1978 年改革开放之后，中国对外贸易取得了举世瞩目的成就，图 2 -
12 给出了改革开放以来中国对外贸易的发展历程。综合二者可知，1978 ~
2008 年改革开放 30 年间中国的出口额和进口额持续攀升，2008 年的出口
额和进口额分别是 1978 年的 143 倍和 101 倍。2009 年受国际金融危机的影
响，进出口规模显著下降，但 2010 年迅速回升并持续走高。2015 年、

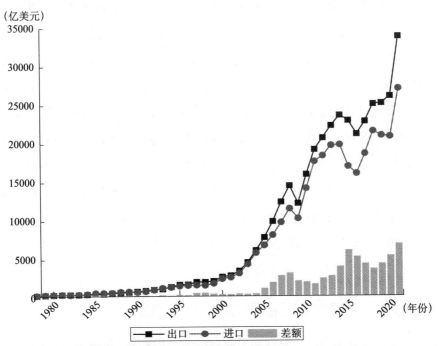

图 2 - 12　中国进出口贸易发展历程 (1979 ~ 2021 年)

资料来源：联合国贸易和发展会议统计数据库。

2016 年受外部需求萎缩和国内经济形势影响，进出口连续负增长，规模持续下滑，但随后大幅反弹，其中进口回升势头更为强劲。值得关注的是，相比于进口，2018 年中美贸易摩擦和 2020 年新冠肺炎疫情对出口冲击相对有限，2018 年进口攀升至 21357.48 亿美元后持续下滑，2020 年降至 20659.62 亿美元，这与美国对华贸易政策由进口限制转变为出口管制，以及疫情冲击下国外供给下降有关，出口增速放缓，但仍保持增长。2021 年中国进出口创历史新高，出口额达 33632.18 亿美元，进口额达 26868.47 亿美元，是全球第一大出口国和第二大进口国。

1978~1989 年中国处于贸易赤字状态，进口略高于出口，这一时期虽然国家出台了包括出口退税和外贸承包制等一系列鼓励出口的政策，但受到此前进口替代战略的惯性影响，出口虽有大幅增加但仍小于进口规模。1990 年之后，中国逐渐摆脱贸易赤字状态，出现数量可观的贸易盈余；1990~2005 年，虽然出口规模大于进口，但贸易盈余规模较小；2005~2008 年，进口和出口之间的差距不断扩大，中国的贸易盈余规模不断扩张；2008 年末，中国的贸易盈余已达 2981.26 亿美元。金融危机之后，贸易盈余略有下降，一方面是由于国际经济不景气，外部市场需求疲软，中国出口受阻，另一方面是由于中国国内进一步认识到长期贸易失衡带来的经济弊病的严重性以及国际舆论压力的影响，特别是世界主要国家要求人民币持续升值的压力。在此背景下，主动扩大进口规模，适度减少贸易盈余，调节长期失衡的贸易结构。2011 年，贸易盈余创下阶段性低点后快速回升，至 2014 年已超过金融危机前水平。2015~2018 年，贸易盈余持续下滑；2018~2021 年，贸易盈余不断回升并超过前期高点；2021 年，贸易盈余为 6763.71 亿美元，创有统计以来历史新高。

2.2.2　中国进出口商品结构的历史演变

图 2-13 是中国出口商品的整体结构，限于篇幅，仅列出 1993~2021 年的数据，同时未列明金额占比小于 1 的细分行业。1980~1985 年，初级

产品出口和工业制成品出口比重大致相同，都在 50% 左右，但由图 2 - 13 可知，自 20 世纪 90 年代起，初级产品出口比重迅速下降，由 1985 年的 50.56% 下降至 2021 年的 4.14%，再创历史新低，虽然在金融危机爆发的 2008 年至欧洲债务危机爆发的 2010 年间初级产品出口比重小幅回升，但总体上下行趋势明显。与此相对应的是工业制成品出口比重大幅增加，由 1985 年的 49.44% 上升至 2021 年 95.86% 的峰值，期间除少数年份小幅下降之外，工业制成品出口比重总体保持持续上升态势。由此可见，工业制成品在中国出口产品中居于主导地位。

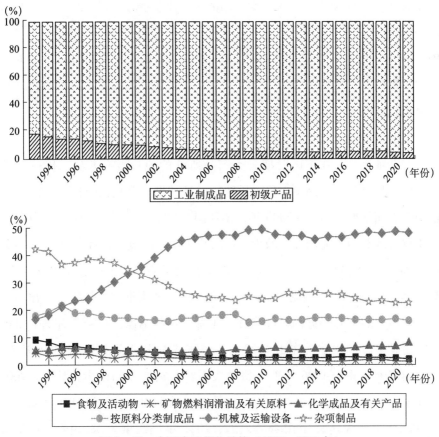

图 2 - 13　中国出口货物结构（1993～2021 年）

资料来源：根据历年《中国统计年鉴》整理得到。

进一步分析发现，初级产品中出口比重较大的是食物及活动物、矿物燃料润滑油及有关原料、非食用原料，并且在不同时期三者占据不同的地位。1985 年之前矿物燃料、润滑油及有关原料在初级产品出口中居于主导地位，约占初级产品出口的 50%。1985 年之后食物及活动物居于主导地位，所占份额约为 50%。与初级产品出口比重持续下降一致，各细分产品出口比重总体保持类似变化趋势。矿物燃料润滑油及有关原料的出口比重在 1985 年之前不断增加，但在 1985 年达到峰值 26.08% 之后迅速下降至 1992 年的 5.53%，这是造成 1986～1992 年初级产品出口比重快速下降的重要原因。1992 年之后，该分类产品的出口比重持续下降，2021 年该比重为 1.25%，创历史新低。食物及活动物出口比重总体保持下降趋势，并于 1986 年之后加速下降至 2008 年 2.29% 的历史次低水平，2009～2016 年该比重小幅回升，2016 年达 2.62%，但 2017～2021 年持续下降，2021 年该比重为 2.07%。

工业制成品出口中所占比重较大的是按原料分类制成品、机械及运输设备和杂项制品，在不同时期三类产品所处的地位各有差异。1990 年之前，按原料分类制成品出口居主导地位，且其出口比重比较稳定，在 15%～20% 之间徘徊。1990～2000 年，杂项制品出口居主导地位。杂项制品出口比重大致经历了先增加后减少，最后趋于稳定的过程，首先由 1980 年的 15.65% 上升至 1993 年的 42.27%，其后持续下降并基本稳定在 24% 左右。2000 年后，机械及运输设备出口居主导地位。考察期内，该类产品出口比重呈现显著的上升趋势，2011 年略有下降，但基本保持在 48% 左右。机械及运输设备出口比重首先由 1980 年的 5% 左右上升至 1991 年的 9.95%，随后加速上升并于 1996 年首次超过按原料分类制成品的出口比重，2001 年起超过杂项制品成为中国工业制成品出口的主导产品，2010 年达到峰值 49.45%，随后基本稳定在 48% 左右，2021 年该比重为 48.14%。化学品及有关产品出口比重稳定在 5%～6% 之间，波动幅度有限。

图 2-14 是中国进口货物结构，限于篇幅，仅给出 2021 年进口占比超

过 5% 的产品。由图 2 - 14 可知，工业制成品一直是中国最主要的进口产品，考察期内至少占全部进口的 60%，但总体来看，工业制成品进口比重不断下降，由 1993 年的 86.32% 下降至 2021 年的 63.95%。与此对应，初级产品进口比重不断上升，由 1993 年的 13.68% 上升至 2021 年的 36.05%。加入世界贸易组织前，工业制成品占比虽有所下降，但整体呈震荡态势，基本维持在 80% 左右，加入世界贸易组织后，尤其是金融危机发生后，工业制成品进口占比加速下行，与此对应农产品进口占比快速增加。金融危机期间，农产品进口占比增加，与农产品价格大幅上涨有关。

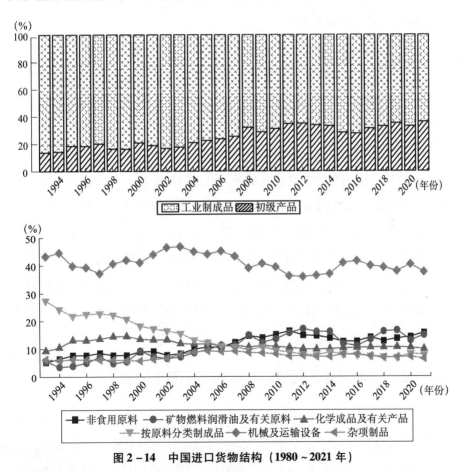

图 2 - 14　中国进口货物结构（1980～2021 年）

资料来源：根据历年《中国统计年鉴》整理得到。

从具体产品来看，初级产品进口主要由非食用原料、矿物燃料润滑油及有关原料、食物及活动物构成（2021 年占比小于 5%，未在图中刻画）。总体看，非食用原料、矿物燃料润滑油及有关原料的进口占比始终居前两位，且二者占比基本持平。1993～2008 年，即金融危机发生前，二者占比大幅提高，分别由 5.24% 和 5.60% 提高至 14.67% 和 14.90%。金融危机后，二者占比围绕 14% 的水平之窄幅震荡，2021 年为 15.73% 和 14.91%。加入世界贸易组织之前，食物及活动物进口占比在 2.8% 左右，入世后进口占比大幅下降至 1.5% 左右，但自 2012 年以来，食物及活动物进口占比有所提高，2021 年为 4.58%。

工业制成品进口主要由机械及运输设备、化学成品及有关产品、按原料分类制成品构成。机械及运输设备是最主要的进口工业品，自 1993 年以来其进口占比始终居于主导地位。1993～2003 年，虽然机械及运输设备进口比重有升有降，但总体呈上升趋势，由 43.28% 升至 46.73%，但 2003 年之后总体呈下降趋势，由 2003 年的 46.73% 降至 2021 年的 37.66%。在 2006 年之前，按原料分类制成品是第二大进口工业品，其占比超过化学成品及有关产品、杂项制品，居第二位。2006 年（含）之后，化学成品及有关产品进口占比超过按原料分类制成品，成为中国第二大进口工业品，这主要与按原料分类制成品进口占比大幅下降有关，总体上看，化学成品及有关产品进口占比基本稳定在 10% 左右。2021 年，化学成品及有关产品进口、按原料分类制成品进口、杂项制品进口占中国全部进口的比重分别为 9.85%、7.83% 和 6.36%。

2.2.3 中国对外贸易的地区结构和贸易方式变迁

表 2-4 给出了 1993～2021 年中国出口前十位的目的地，因篇幅限制且出口贸易具有时间惯性，1993～2001 年、2002～2008 年基于汇总数据对目的地进行排名。由表 2-4 可知，美国、中国香港、日本一直是中国出口的前三大目的地，其中除个别年份外，美国牢牢占据首位。除 2020 年外，

韩国始终是中国的第四大出口目的地。欧洲国家中的德国、荷兰、英国、俄罗斯与中国贸易往来密切，但近年来排名有所下滑，其中俄罗斯排名下滑较为明显，自 2014 年后已跌出前十位行列。亚洲国家中，越南排名上升较快，相继超过英国、荷兰、德国，成为中国出口的第五大目的地，印度、马来西亚、新加坡与中国贸易往来较为频繁，其中新加坡排名有所下滑，2019 年后已跌出前十位目的地行列。综合来看，中国出口货物主要流向美国、西欧国家以及亚洲经济体中的中国香港、越南、新加坡等国家和地区。

表 2 - 4　　　　　　　　中国出口贸易目的地分布

年份	第一位	第二位	第三位	第四位	第五位	第六位	第七位	第八位	第九位	第十位
1993~2001	中国香港	美国	日本	韩国	德国	荷兰	英国	新加坡	中国台湾	意大利
2002~2008	美国	中国香港	日本	韩国	德国	荷兰	英国	新加坡	中国台湾	俄罗斯
2009	美国	中国香港	日本	韩国	德国	荷兰	英国	新加坡	印度	法国
2010	美国	中国香港	日本	韩国	德国	荷兰	印度	英国	新加坡	意大利
2011	美国	中国香港	日本	韩国	德国	荷兰	印度	英国	俄罗斯	新加坡
2012	美国	中国香港	日本	韩国	德国	荷兰	印度	英国	俄罗斯	新加坡
2013	中国香港	美国	日本	韩国	德国	荷兰	英国	俄罗斯	越南	印度
2014	美国	中国香港	日本	韩国	德国	荷兰	越南	英国	俄罗斯	印度
2015	美国	中国香港	日本	韩国	德国	越南	英国	荷兰	印度	新加坡
2016	美国	中国香港	日本	韩国	德国	越南	印度	荷兰	英国	新加坡
2017	美国	中国香港	日本	韩国	越南	德国	印度	荷兰	英国	新加坡
2018	美国	中国香港	日本	韩国	越南	德国	印度	荷兰	英国	新加坡
2019	美国	中国香港	日本	韩国	越南	德国	印度	荷兰	英国	中国台湾
2020	美国	中国香港	日本	越南	韩国	德国	荷兰	英国	印度	中国台湾
2021	美国	中国香港	日本	韩国	越南	德国	荷兰	印度	英国	马来西亚

注：根据中国出口数据整理，数据来源于历年统计年鉴。

图 2 - 15 刻画了 2021 年中国贸易顺差的前十大来源地，限于篇幅，仅给出 2021 年度数据，未描绘中国贸易顺差来源地的历史演进。由图 2 - 15 可知，美国、中国香港是中国贸易顺差的前两大来源地，且顺差的规模远

大于排名第三位的荷兰。顺差前十大来源地中，亚洲经济体占四席（中国香港、印度、越南、菲律宾），欧洲经济体占四席（荷兰、英国、波兰、土耳其），这里考虑到土耳其在文化、经济等领域实行欧洲模式，故将土耳其视作欧洲经济体，美洲经济体包括美国和墨西哥。进一步分析发现，中国香港、荷兰虽然是第二、第三位的顺差来源地，但来自上述两地的进口总量明显小于其顺差，意味着进口量较少是导致顺差的主要原因，而来自美国进口总量大的同时来自美国的顺差更大，意味着中国对美国出口量较大是导致顺差的主要原因。

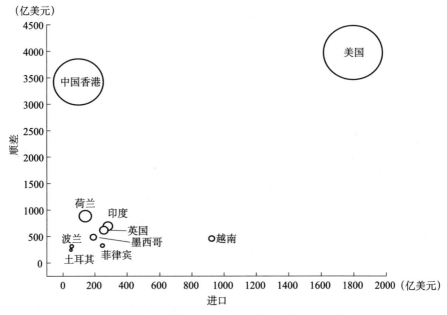

图 2-15　中国贸易顺差前十大来源地（2021 年）

资料来源：根据历年《中国统计年鉴》整理得到。

图 2-16 刻画了不同贸易方式、不同所有权性质企业的出口情况，因补偿贸易、寄售贸易及其他贸易方式占比过小，上述贸易方式未体现在图中，同时未区分外商投资企业的不同类型（外商独资、中外合作、中外合资）。由图 2-16 可知，2009 年（含）之前，一般贸易、进料加工贸易不断增长且总量基本持平，是两种最主要的出口贸易方式；2009 年（不含）

后，一般贸易规模加速增长，而进料加工贸易高位震荡，与一般贸易的差距快速拉大，2021 年一般贸易出口量达 20511.93 亿美元，是进料加工贸易的 2.75 倍。按照企业所有权性质划分，中国出口经历由外资企业主导转向私营企业主导的过程。2016 年（不含）之前，外商投资企业是最主要的出口企业类型，虽保持上涨势头但增速逐步落后于私营企业，领先优势有所弱化。2016 年私营企业出口总量首次超过外商投资企业，随后持续保持快速增长态势，成为最主要的出口企业类型，而外商投资企业出口量高位震荡，与私营企业出口的差距快速拉大。国有企业出口规模明显小于私营企业、外商投资企业出口规模。值得关注的是，2013 年海关总署调整了其他企业构成，将私营企业单独列出，故 2013 年其他企业出口总量断崖式下滑。

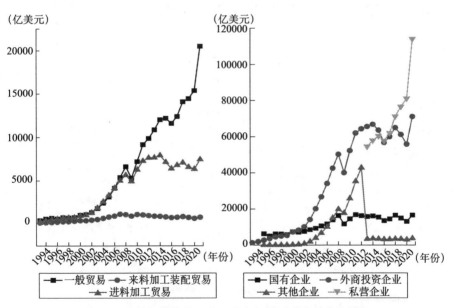

图 2-16 按贸易方式和企业所有权性质分类的出口情况

资料来源：根据海关总署数据整理得到。

图 2-17 刻画了不同贸易方式、不同所有权性质企业的进口情况，同样未列明补偿贸易、寄售贸易以及外商投资企业的具体类型。由图 2-17

可知，中国进口贸易以一般贸易为主，且一般贸易相较于其他贸易方式的领先优势不断扩大。1998年（含）之前，一般贸易进口与进料加工贸易进口规模基本持平，但随后一般贸易方式进口加速增长，其增速明显高于进料加工贸易。2021年一般贸易进口金额为16656.68亿美元，是进料加工贸易的4.20倍。按照所有制性质划分，外商投资企业始终是中国最主要的进口企业类型，但近年来其领先优势有所弱化。加入世界贸易组织前，外商投资企业与国有企业进口规模大体相等，但入世后，外商投资企业进口量快速增长，其增速明显高于国有企业，成为第一大进口企业类型。2016年后，私营企业进口量大幅增加，增速快于外商投资企业、国有企业，且与外商投资的差距快速缩小，2021年进口量为60694.88亿美元，接近外商投资企业的进口量（64465.00亿美元），明显大于国有企业进口量（2600.28亿美元）。值得说明的是，2013年其他企业进口金额断崖式下滑，其原因与出口情形类似。

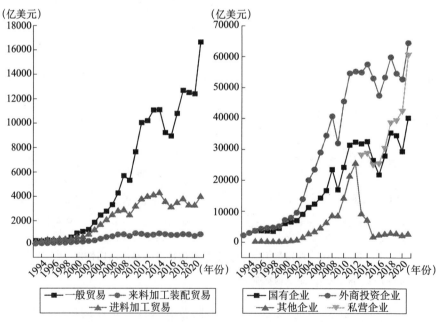

图2-17 按贸易方式和企业所有权性质分类的进口情况

资料来源：根据海关总署数据整理得到。

2.3　小结

　　经过多年的发展，特别是"走出去"战略实施之后，中国对外直接投资发展迅速，但与传统投资强国相比，仍存在较大的差距，特别是在中国已经成为世界第二大经济体的背景下，增加对外直接投资并跻身世界主要对外投资国，并且由"投资大国"转变为"投资强国"，已成为中国融入世界经济的重要议题。地区分布上，尽管中国对外直接投资区位分布呈现多元化趋势，但仍主要集中在少数发达经济体和资源丰富的国家和地区。行业分布较为集中，主要流向租赁商务服务业、批发和零售业、信息传输软件和信息服务业。中国进出口贸易取得了举世瞩目的成绩，中国已经成长为世界第一大出口国和第二大进口国，并且商品结构日益优化，工业制成品在进出口贸易中占据主导地位。出口贸易主要集中在亚洲、北美洲和欧洲，特别是与欧洲的贸易联系日趋紧密，进口贸易主要集中在亚洲和欧洲。贸易方式不断优化，一般贸易方式占全部贸易的比重逐步居于主导地位，私营企业出口占比不断提升。

第 3 章　中国对外直接投资的 贸易规模效应

3.1　问题的提出

改革开放 40 多年来，中国经历了令人瞩目出口扩张，并日益成为拉动世界经济增长的重要引擎。然而，受国际金融危机和欧洲债务危机的影响，全球特别是欧美经济前景不甚明朗，各国贸易保护主义重新抬头，这导致了中国出口市场萎缩。同时，受长期贸易失衡以及国际政治舆论压力的影响，人民币持续升值业已成为大势所趋。在此背景下，中国应合理统筹国内外两种市场，一方面，积极保持对外贸易稳定增长，为经济转型升级创造稳定的经济环境和条件；另一方面，利用人民币升值的战略机遇期，加快走出去的步伐，获取国外的市场、资源、先进技术和管理经验，降低中国庞大的外汇储备贬值的风险，同时为广大发展中国家的建设提供资金支持，完善当地的基础设施，提高当地居民的生活水平。

对外投资和对外贸易是一国融入全球经济、参与国际分工的重要渠道，二者之间的关系历来是学术界关注的焦点。但目前的理论和实证研究主要以发达国家为研究对象，针对中国的研究较少。国内的相关研究大多从整体上分析中国对外直接投资与对外贸易的关系，忽视了中国对外直接投资的波动性以及国别和地区差异。基于以上考虑，本章利用面板分位数回归技术，结合不同的投资动机，试图分析中国对外直接投资的贸易效应差异，从而为中国更好地开拓国际市场提供政策参考。

3.2 机理分析

3.2.1 出口效应

本章结合对外直接投资动机阐释对外直接投资的贸易效应。根据投资动机的不同，可以将对外直接投资分为海外市场寻求型、战略资源寻求型、无形资产寻求型和效率寻求型。不同动机的对外直接投资分布在不同经济发展水平、资源禀赋和技术水平的国家和地区，因此对出口的影响方向也是不同的。

中国的海外市场寻求型对外直接投资集中分布在发达国家和新兴经济体。此类投资主要分为两种情况：一种是为了服务出口，开拓新的外部需求市场或稳定原有市场而进行的对外直接投资。母国公司为了扩大出口，构建海外销售网络，积极对东道国开展对外直接投资，在当地建立分支企业，熟悉当地市场、文化和消费习惯，构造企业营销网络，并迎合国外需求改进国内生产，进而促进本国出口。另一种是为了规避贸易壁垒与国际长途运输成本和风险而进行的对外直接投资。大量鲜活的现实案例和严谨的理论研究都论证了"壁垒跨越"式对外直接投资的存在。出口商为了规避关税和非关税壁垒，在主要出口市场直接投资设厂，直接向东道国企业和居民提供产品，即对外直接投资的贸易替代效应，母国对东道国的对外投资降低了母国对东道国的出口。但同时需要说明的是，上述两种对外直接投资行为要求海外投资建厂，因此会带动母国相关原材料、中间产品、生产设备的出口。

中国的战略资源寻求型对外直接投资集中分布在资源丰裕的国家和地区。近些年，由于国际重要矿产、能源产地局部冲突不断，美元价值起伏较大，造成了矿产、能源等资源价格波动剧烈。为应对海外市场矿产、能源价格大幅波动的冲击，保障资源稳定供给，众多国家争相在资源丰裕的国家开展对外直接投资活动。此类投资所需要的开采设备、中间产品和技术需要从母国引进，因此对母国出口产生拉动作用。

中国的无形资产寻求型对外直接投资集中分布在发达国家和地区。无形资产主要是指高端技术、管理经验、品牌等对于一个企业和国家而言至关重要的核心资产，由于经济发展水平、人力资本存量、科研水平和创新支持环境的巨大差异，中国与欧美日等发达国家和地区的科技水平和产业结构仍存在较大差距。特别是作为世界第一强国的美国一直引领世界创新潮流和产业升级的方向，在美国国内不断发生着"创造性破坏"，其产业升级也一直在动态演进之中。中国企业通过对外直接投资，充分利用当地丰富的人力资本，学习欧美日企业的先进技术和管理经验，能够节省中国的科研成本，解决生产中存在技术瓶颈，提高中国企业的整体技术水平，加快中国产业升级的步伐，增强中国企业和产品的国际竞争力和技术复杂度，进而推动出口。另外，开展无形资产寻求型对外直接投资能够减少对于贸易渠道技术扩散的依赖，实现技术跨越式发展，进而提升整体出口竞争实力。长期以来，中国主要依靠贸易渠道的国外技术扩散获取先进技术，但实际引进的一般是国外淘汰或进入成熟期大批量生产的技术，长此以往，中国可能会陷入低端锁定的困境，技术和产业结构始终处于跟随状态。开展对外直接投资可以绕开壁垒，更快更直接地接触到国外先进技术和管理经验，有利于推动技术和产业升级，进而提高产品的价值和国际竞争力。

中国的效率寻求型对外直接投资集中分布在新兴经济体和其他发展中经济体。中国将业已丧失比较优势的边际产业的生产转移到发展中经济体，减少国内过剩产能的同时发挥东道国的比较优势。在海外投资设厂的过程中，需要母国提供适用技术、中间产品和生产设备，进而促进母国出口。此类投资与雁阵模型中，发达国家将劳动密集型或技术稍显滞后的生产环节转移至发展中国家和地区，在投资过程中不仅伴随生产设备的出口，还可能伴随关键零部件、关键原材料的出口。

3.2.2　进口效应

战略资源寻求型对外直接投资的主要目的是获取东道国丰富的矿产和能源，因此开展此类对外直接投资能够增加母国相关资源类产品的进口。随着中国城镇化和工业化水平进一步提升，加之目前中国资源使用技术落后，资源利用效率低下，经济增长方式仍以粗放式为主，因此国内对于石油、天然气、各种矿产资源的需求将会大幅增加，为保障国内经济发展和人们生活需要，更好地利用国际资源成为题中之义。开展战略资源寻求型对外直接投资将增加中国资源类产品进口，缓解中国经济发展的资源瓶颈。

无形资产寻求型对外直接投资将蕴含东道国先进技术的产品出口到母国，以达到绕开东道国监管壁垒、提升母国企业技术水平和生产效率的目的。因此，无形资产寻求型对外直接投资与进口存在一定的互补性。效率寻求型对外直接投资将母国即将或业已丧失比较优势的边际产业的生产转移到东道国，发挥东道国的比较优势。东道国生产的产品部分供应母国国内市场，增加母国进口。因此，效率寻求型对外直接投资与进口存在一定的互补性。

3.3　模型设定

3.3.1　分位数回归模型

在社会经济研究中，线性回归模型是被广泛采用的标准计量模型，但该模型只关注被解释变量的条件均值，而没有完整地考虑被解释变量条件分布的特征，而且线性回归模型的很多假设过于严格，与现实经济问题相去甚远。首先，要求随机扰动项是符合正态分布的，如若不然，严格依赖正态分布假定或大样本近似值的 P 值将可能是有偏的，这将导致假设检验失效。其次，线性回归模型假定它适用于所有数据，即模型的唯一性假定。因此，它易受到极端值或异常值的影响。为了提高估计精度，通常将异常值去除，但在现实经济中，恰恰对于异常值的捕捉和分析才是研究的重点。

分位数回归很好地解决了线性回归模型的局限并被广泛应用于各个领域的研究。科恩克尔和巴塞特（Koenker & Bassett，1978）最早提出了分位数回归模型（QRM）。该模型估计解释变量的变化对条件分布中各种不同的分位数的影响。根据他们的开创性研究，简单的分位数回归模型可以表示为：

$$y_i = \beta_0^q + \beta_1^q x_i + \varepsilon_i^q \qquad (3-1)$$

其中，q 表示具体的分位数比例，其值介于 0 和 1 之间。在特定解释变量条件下，第 q 条件分位数为：

$$Q^q(y_i \mid x_i) = \beta_0^q + \beta_1^q x_i \qquad (3-2)$$

因此，第 q 条件分位数是由特定的 β 参数和解释变量决定的。与线性回归模型不同，分位数回归是将实际观测点到拟合曲线的垂直距离加权求和（未平方）而得到估计量，权重即各种不同的分位数。具体而言，其赋予拟合曲线以下的观测点的权重为 q，拟合曲线之上的观测点的权重为 $1-q$。

分位数回归模型还具有单调同变特性，例如对于对数函数而言，我们有：

$$Q^q(\log(y) \mid x) = \log(Q^q[y \mid x]) \qquad (3-3)$$

此项特性对于研究偏态分布的变量而言至关重要。在变量偏态分布的情形下，线性回归模型无法保障对数估计值反向转化时的分布形状不被扭曲，而分位数回归则可以保障不改变分布形状。

　　同时，分位数回归模型在存在异常值和违反正态性假定的情况下比线性回归模型更加稳健。如果改变分位数回归拟合曲线之上（或之下）的某个观测值，只要此观测值与拟合曲线的相对位置不发生变化，即仍然在拟合曲线之上（或之下），该拟合线将保持不变。换言之，只要不改变残差的符号，该拟合曲线将保持不变。对于线性回归模型而言，违反正态性假定将导致偏误，但分位数回归更多地依赖变量本身不同分位数附近的分布形态，因此受到的影响有限。

3.3.2　模型设定和变量选取

　　选取 2003 ~ 2020 年中国与 204 个国家（地区）的对外贸易数据作为被解释变量，中国对这些国家（地区）的对外直接投资存量作为主要考察变量，并结合过往的研究，选取影响双边贸易流量的控制变量。具体模型如下：

$$
\begin{aligned}
\ln exp_{it} = {} & \beta_0 + \beta_1 \ln odi_{it} + \beta_2 \ln pgdp_{it} + \beta_3 \ln pgdp\_c_{it} + \beta_4 \ln dis_{it} \\
& + \beta_5 exchange_{it} + \beta_6 contig_{it} + \beta_7 comlang_{it} + \beta_8 comrelig_{it} \\
& + \beta_9 rta_{it} + \mu_{it} \qquad\qquad\qquad\qquad\qquad\qquad (3-4)
\end{aligned}
$$

$$
\begin{aligned}
\ln imp_{it} = {} & \beta_0 + \beta_1 \ln odi_{it} + \beta_2 \ln pgdp_{it} + \beta_3 \ln pgdp\_c_{it} + \beta_4 \ln dis_{it} + \beta_5 exchange_{it} \\
& + \beta_6 contig_{it} + \beta_7 comlang_{it} + \beta_8 comrelig_{it} + \beta_9 rta_{it} + \mu_{it} \qquad (3-5)
\end{aligned}
$$

　　其中，i 代表国家（地区），t 代表时间。exp，imp 分别表示出口额和进口额，odi 为中国对外直接投资存量，是主要的考察变量。选取如下控制变量：市场规模变量，使用东道国人均国内生产总值 $pgdp$ 作为其代理变量。母国经济规模变量，代表母国的产品供给能力，使用中国人均国内生产总值 gdp_c 作为其代理变量。汇率水平，汇率水平反映本国货币币值相对于他国货币币值的大小，即本国货币的购买力，代理变量为 $exchange$，汇率的变动会对出口产品价格和进口能力产生一定的影响。是否接壤、是否拥有共同语言同样影响双边贸易，两国接壤有助于降低陆运成本，方便经济往来，拥有共同语言有效克服交流障碍，推动贸易增长，因此选取影响双边贸易的共同边界 contig、共同官方语言 comlang 等变量，此类变量的取值为 0 或 1，属于因子变量。另外，文化距离同样影响双边贸易，因此选取共同宗教信仰指数 comrelig 作为控制变量，该变量是宗教信仰相似度的指数化表达。

贸易成本变量，主要分为运输成本和以关税为主的人为成本，但由于双边关税数据暂时无法获取，因此选取中国是否与其签署自由贸易协定作为人为贸易成本的代理变量。一旦贸易双方签署了自由协定，通常会降低双边关税税率，促进贸易发展。关于变量 rta 的构建，根据中国自由贸易区的建立情况，利用虚拟变量加以表征。目前，中国已经签署并实施了多个自由贸易协定，分别为中国与哥斯达黎加、秘鲁、智利、新西兰、巴基斯坦、东盟自由贸易协定，中国内地与澳门、香港的更紧密经贸关系安排，以及中国大陆与台湾地区的 ECFA（Economic Cooperation Framework Agreement），即海峡两岸经济合作框架协议等。同时，中国正在与澳大利亚、挪威、瑞士、冰岛和韩国商谈自贸区的建设。根据这些协议签署和正式实施时间，针对每个东道国（地区）构建虚拟变量。例如，中国和巴基斯坦两国 2006 年 11 月签署了《中国—巴基斯坦自由贸易协定》，2007 年 7 月正式实施该协定，全面开启关税减让进程，则对于巴基斯坦而言，2007 年之前 rta 的值为 0，2007~2020 年 rta 的值为 1。

运输成本变量使用双边贸易距离与国际油价的乘积 dist 表示，部分文献选取双方首都或者主要城市的地理距离作为运输成本的代理变量，但是此种方法有如下缺陷：首先，双边的运输成本是可变的，特别是航运成为双方联系的主要方式时，国际油价的变动对运输成本的影响较大；其次，在进行面板数据固定效应回归时，由于地理距离是不随时间变动的，因此无法识别该变量，导致无法估计。选取的双边贸易距离数据来源于梅耶和齐尼亚戈（Mayer & Zignago，2011）使用包含人口、语言和文化邻近度的城市层面数据构建的 225 个国家和地区的双边贸易距离数据库。他们利用

the World Gazetteer 网站上有关所有国家主要城市的地理坐标和人口数据根据如下公式计算双边贸易距离：

$$d_{ij} = \left(\sum_{k \in i} (pop_k/pop_i) \sum_{l \in j} (pop_l/pop_j) d_{kl}^{\theta} \right)^{1/\theta} \qquad (3-6)$$

其中，pop_k 表示国家 i 主要城市 k 的人口数量，参数 θ 代表贸易流量的距离弹性。该数据库根据不同的距离弹性取值（1 或 −1），得出了两种不同的双边贸易距离，本章选取 $\theta = -1$ 这一更加符合经济现实的估算方法。国际油价采用北海布伦特原油、西德克萨斯中质原油和迪拜法特原油三者的平均价格。主要变量的描述性统计见表 3 − 1。

表 3 − 1　　　　　　　　　　主要变量的描述性统计

变量	N	Mean	SD	Min	p50	Max
exp	3505	86100	329447	0.019	7992	4.79e+06
imp	3475	67450	216863	0.000	2020	2046430
odi	2940	45998	521981	0.100	1059	1.44e+07
pgdp	3505	14064	19930	113.6	4978	123679
pgdp_ c	3505	5754	3071	1289	6301	10409
dis	3505	628350	352412	33770	560470	2.01e+06
exchange	3505	2.995	4.221	4.06e−05	0.959	40.36
contig	3505	0.073	0.264	0	0	1
comlang	3505	0.020	0.123	0	0	1
comrelig	3505	0.010	0.011	0	0	0.02
rta	3505	0.100	0.305	0	0	1

注：出口、进口、对外直接投资为百万美元，东道国人均国内生产总值、中国人均国内生产总值的单位均为美元，经油价加权的距离单位为美元×公里，汇率为每单位东道国货币兑换的人民币数量，共同宗教信仰为共同信仰指数而非二值变量。

出口和进口来源于历年《中国统计年鉴》，中国对东道国的对外直接投资存量数据来源于历年《中国对外直接投资统计公报》，中国、东道国国内生产总值和汇率数据均来源于世界银行发展指标（World Bank Development Indicator）数据库，中国与东道国自由贸易协定虚拟变量数据来源于中国自由贸易区服务网，国际油价数据来源于货币基金组织的主要商品价格数据库。进出口、对外直接投资和国内生产总值数据单位为万美元，国际原油价格单位为现价美元每桶。共同边界、共同宗教信仰指数、共同的官方语言来自 CEPII-BASIC 数据库。

本章选取的样本横截面为 204 个国家和地区（个别年份国家和地区数量为 198 个、199 个、202 个，非平衡面板数据），时间跨度为 2003~2020年。选取上述样本期间以及国家和地区的根据在于：首先，2002 年中国才正式提出了"走出去"战略，因此直至 2003 年才出现了有关中国对外直接投资的完整翔实的数据；其次，中国对外直接投资分布较为集中，截至 2020 年末，中国对上述国家对外直接投资存量占到了对外直接投资总存量的 90％以上，因此选取的样本具有一定的代表性。

3.4　回归结果及分析

3.4.1　全样本回归结果及分析

进出口和对外直接投资联系紧密，对外直接投资可能影响进出口贸易，进出口贸易也有可能影响对外直接投资，即模型可能存在内生解释变量问题。为谨慎起见，拟选取中国与东道国利率差值作为对外直接投资的工具变量，采用豪斯曼检验（Hausman specification test）和杜宾—吴—豪斯曼检验（Durban-Wu-Hausman test）检验是否存在内生解释变量问题。豪斯曼检验的原假设是不存在内生解释变量，如果原假设成立，则普通回归方法和工具变量回归方法都是一致的，如果原假设不成立，工具变量回归方法是一致的但普通回归方法不是一致的，因此根据瓦尔德检验思想，衡量两种估计方法得到的估计量之间的大小差距。但在存在异方差的情形下，该方法无法得到符号为正的卡方统计量，因此引入杜宾—吴—豪斯曼检验方法。该方法适用于存在异方差的情形，并且更加稳健。首先，针对原始模型进行按照普通方法进行回归，得到残差项 e1；其次，将疑似内生解释变量作为工具变量的被解释变量，回归得到残差项 e2，然后以 e1 作为被解释变量，e2 作为解释变量回归，检验 e2 系数的显著性。如果显著，则存在内生变量，否则不存在内生解释变量。具体的检验结果见表 3－2。

表 3－2　　　　　　　　　　变量的内生性检验结果

变量	检验方法	全样本	中高收入经济体	中低收入经济体
出口	豪斯曼检验	－3.55	－2.29	－2.37
	杜宾—吴—豪斯曼	－1.71（0.088）	－1.55（0.122）	－1.29（0.197）
进口	豪斯曼检验	－5.22	－18.02	－20.26
	杜宾—吴—豪斯曼	1.23（0.218）	－2.19（0.028）	1.19（0.234）

注：两种检验方法的原假设都是不存在内生解释变量，豪斯曼检验的统计量是卡方统计量，杜宾－吴－豪斯曼检验的统计量是 t 统计量。括号内为 P 值。

由表 3－2 可知，在全样本检验结果中，豪斯曼检验的卡方统计量为负值，说明可能存在异方差问题，杜宾—吴—豪斯曼检验得到的结果更具稳健性，由检验结果可知，t 值都不显著，因此初步判定，对外直接投资不是内生解释变量。但是，检验结果违背经济直觉，出于稳健性考虑，默认对外直接投资是内生变量，存在反向因果关系，即出口或进口反向影响对外直接投资，后面将选用东道国与中国的利率差作为工具变量探讨内生性问题。

由表 3－3 的回归结果可知，对外直接投资具有显著的出口创造效应。除 50 分位点外，其他分位点对应的对外直接投资的系数都通过了 1% 显著性水平检验。随着出口在条件分布不同位置的变动，对外直接投资的系数呈现一定的变化规律。随着条件分布由低位向高位变动，其系数先下降，而后回升并超越前值，75 分位点和 90 分位点处，对外直接投资系数大于 10 分位点的系数。t 值或显著性也呈现类似的走势，低分位点和高分位点对外直接投资系数较为显著，但中分位点系数不显著。这意味着，中国对外直接投资的贸易创造效应集中体现在出口量较多时或贸易联系较多的国家与地区。

中国对外直接投资的贸易效应研究

表3-3　　　　　　　　　对外直接投资出口效应回归结果

变量	Q10	Q25	Q50	Q75	Q90
ln*odi*	0.247 ***	0.095 ***	0.052	0.398 ***	0.320 ***
	(5.60)	(5.15)	(0.51)	(448.62)	(253.30)
ln*pgdp*	0.259 ***	0.116 ***	0.657 ***	0.618 ***	0.633 ***
	(20.32)	(7.12)	(75.65)	(547.26)	(73.81)
ln*pgdp_c*	−0.249 ***	−0.339 ***	−1.335 ***	−0.260 ***	−0.179 ***
	(5.66)	(8.47)	(3.12)	(57.15)	(9.72)
ln*dis*	−0.261 ***	−0.782 ***	−1.117 ***	−0.208 ***	−0.076 **
	(8.07)	(9.43)	(4.17)	(26.47)	(2.19)
exchange	0.068 ***	0.058 ***	−0.076 ***	−0.012 ***	−0.012 ***
	(10.83)	(17.74)	(3.94)	(29.81)	(2.98)
contig	2.232 ***	4.120 ***	2.508 ***	0.456 ***	0.645 ***
	(7.73)	(19.60)	(3.55)	(81.40)	(20.28)
comlang	2.964 ***	0.106 *	4.845 ***	0.335 ***	0.030
	(11.22)	(1.78)	(3.14)	(33.34)	(0.20)
comrelig	45.924 ***	91.617 ***	74.194 ***	3.670 ***	3.166 ***
	(20.94)	(28.08)	(4.96)	(21.46)	(7.75)
rta	0.865 ***	0.256 **	2.832 ***	0.850 ***	1.140 ***
	(60.12)	(2.46)	(2.71)	(81.32)	(60.83)
N	2858	2858	2858	2858	2858

注：***、**、*分别表示在1%、5%、10%显著性水平下显著，括号内为t值。分位数回归中的Q10、Q25、Q50、Q75、Q90分别对应不同的分位点。

东道国人均国内生产总值与中国对其出口额呈显著正相关。不同分位数回归的结果，该变量的系数都通过了1%显著性水平检验。这表明市场规模因素是中国出口的重要影响因素，东道国国内生产总值越大，代表其国内市场需求越大，对中国出口形成的拉力越强。随着条件分布由低位向高位变动，东道国人均国内生产总值的系数逐渐增大，意味着东道国国内生产总值对出口的促进作用集中体现在出口量较大时或与中国贸易联系较多的国家和地区。而中国人均国内生产总值的系数为负值且显著，表明随着人均国内生产总值提升，出口反而在下降，可能是由于国内市场规模扩大，部分消化了过剩产能和库存，通过出口达到市场出清的动机减弱，出口有所下降。

其他控制变量中，运输成本变量的系数为负，且至少5%水平下是显

72

著的，表明运输成本是阻碍出口贸易增长的重要因素。随着出口量增大，运输成本的系数的绝对值下降，这意味着随着贸易增长，运输成本的负向作用受到限制。这可能是在增长惯性以及出口连续性的影响下，运输成本的重要程度有所下降。共同边界、共同语言、共同信仰以及区域贸易协定等引力模型中常见的控制变量，其系数均符合预期，且至少在 5% 水平下是显著的。两地接壤、拥有共同的官方语言或信仰，以及签订贸易投资协定，均能够推动出口增长，不同的是在不同的贸易规模下，各个变量对于出口增长的促进作用有所差异。值得关注的是汇率的系数，低分位点回归中该系数显著为正，中高分位点回归该系数显著为负，这意味着当贸易规模较少时，人民币贬值有助于出口增长，但随着贸易量增长，人民币贬值反而不利于出口增长，马歇尔勒纳条件发生反转。另外，系数符号的反转可能是由于稳健性不足导致的。

对外直接投资影响出口已得到数据的验证，但事实上，前面实证研究中可能存在因反向因果关系而导致的内生性问题，即不仅对外直接投资影响出口，出口也会反向影响对外直接投资，从而导致解释变量与随机干扰项相关，变为内生解释变量。为克服内生性问题，进一步开展稳健性检验。因无法找到合适的自然实验或准自然实验，故放弃采用倍差估计（DID）、倾向得分匹配和倍差估计（PSM + DID）的方法，转而采用工具变量法。合适的工具变量必须满足两个条件：相关性和外生性。所谓相关性，指的是工具变量与内生解释变量相关，或工具变量可以解释内生解释变量的变化。所谓外生性，指的是工具变量与扰动项不相关，这意味着工具变量无法直接影响被解释变量，即工具变量仅能通过作用于内生解释变量来影响被解释变量。笔者选取东道国与中国的利率差值作为工具变量，东道国与中国的贷款利率差满足工具变量的两个条件：利率差值与中国对外直接投资相关，且利率差值是影响中国对外直接投资的重要因素，东道国利率较低，将吸引中国企业借助东道国资本市场或信贷市场开展投资活动；利率差值不直接影响出口贸易，仅能通过对外投资变量影响出口贸易。回归结果，见表 3 - 4。

表 3 - 4   考虑内生性的对外直接投资出口效应回归结果

变量	Q10	Q25	Q50	Q75	Q90
ln*odi*	0. 578 ***	0. 533 ***	0. 422 ***	0. 382 ***	0. 339 ***
	(41. 44)	(197. 62)	(35. 29)	(236. 28)	(146207. 65)
ln*pgdp*	0. 604 ***	0. 472 ***	0. 723 ***	0. 634 ***	0. 626 ***
	(13. 49)	(102. 50)	(27. 70)	(319. 32)	(23864. 88)
ln*pgdp_ c*	− 0. 178	− 0. 355 ***	− 0. 065	− 0. 076 ***	− 0. 164 ***
	(1. 59)	(8. 74)	(0. 65)	(2. 91)	(414. 07)
ln*dis*	− 0. 489 ***	− 0. 301 ***	− 0. 299	− 0. 165 ***	− 0. 260 ***
	(5. 72)	(9. 17)	(1. 37)	(12. 99)	(9782. 12)
exchange	− 0. 081 ***	− 0. 016 ***	0. 000	− 0. 005 **	− 0. 031 ***
	(2. 78)	(2. 84)	(0. 02)	(2. 04)	(392. 78)
contig	0. 884 ***	0. 100 *	1. 091 **	0. 469 ***	0. 345 ***
	(3. 70)	(1. 80)	(2. 10)	(49. 39)	(1525. 19)
comlang	1. 753 ***	0. 687 ***	0. 032	0. 516 ***	0. 635 ***
	(4. 92)	(5. 66)	(0. 11)	(10. 14)	(1184. 56)
comrelig	86. 849 ***	29. 327 ***	20. 032 ***	6. 425 ***	10. 303 ***
	(11. 64)	(19. 50)	(18. 14)	(34. 31)	(2932. 58)
rta	1. 256 ***	0. 068	0. 233	0. 905 ***	0. 955 ***
	(3. 64)	(0. 97)	(0. 56)	(32. 92)	(3419. 09)
N	2858	2858	2858	2858	2858

注：***、**、* 分别表示在 1%、5%、10% 显著性水平下显著，括号内为 t 值。分位数回归中的 Q10、Q25、Q50、Q75、Q90 分别对应不同的分位点。

由表 3 -4 回归结果可知，考虑内生解释变量的情况下，在 1% 显著性水平下，对外直接投资仍然显著地正向影响出口，表明中国对外直接投资存在明显的出口促进作用。与不考虑内生解释变量的回归不同，表 3 - 4 在不同分位点下对外直接投资系数的变化有所差异。低分位点和中分位点处，对外直接投资的系数大于高分位点处的系数值，这意味着在出口量较少或者对于与中国贸易联系较少的国家而言，对外直接投资对出口的促进作用更为明显。同时，考虑到内生性问题后，不同分位点对外直接投资的系数均有所提高。控制变量的系数符号基本符合预期：东道国国内生产总值系数显著为正，表明东道国市场规模扩大有利于中国对其出口；中国国内生产总值系数显著为负，表明中国国内市场规模扩大不利于中国出口，这可能是由于出口替代效应，即国内市场规模扩大导致部分企业选择内销而非出口；距离系数为负值，同时在低分位点、高分位点回归中通过了1%显著性水平检验，表明距离的出口抑制效应依然存在；与未考虑内生解释变量的回归不同，不同分位点（除中位数之外）汇率系数均为负值，意味着人民币贬值不利于出口增长，可能是由于出口产品价格弹性小于1。

　　根据式（3-5）对进口情形进行回归，结果见表3-5。由表3-5可知，对外直接投资的系数为正，且在10分位点、25分位点、50分位点和75分位点处在1%显著性水平下是显著的，这表明中国对东道国投资的增长有助于提升中国从该国的进口量。不同的分位点，对外直接投资的系数及其显著性存在较大差异。由10分位点逐步向90分位点变动，对外直接投资的系数不断减小，由10分位点处的1.041下降至90分位点处的0.202，且在90分位点系数在10%水平下是不显著的。这意味着当进口贸易量较少时，或对于与中国进口贸易关联较少的国家和地区而言，对外直接投资的进口带动效应较强，而随着贸易增长，或对于与中国进口贸易关联较深的国家和地区而言，对外直接投资的进口带动效应较弱。

表 3 - 5　　　　　　　　　对外直接投资进口效应回归结果

变量	Q10	Q25	Q50	Q75	Q90
lnodi	1.041 ***	0.936 ***	0.516 ***	0.309 ***	0.202
	(188.99)	(2, 339.38)	(33.57)	(8.85)	(0.46)
ln$pgdp$	0.451 ***	0.590 ***	0.398 ***	0.797 ***	0.660 ***
	(91.27)	(935.20)	(3.73)	(79.98)	(5.06)
ln$pgdp\_c$	1.537 ***	1.315 ***	0.256 ***	0.622 ***	0.084
	(151.12)	(554.38)	(2.64)	(5.83)	(0.12)
lndis	-0.930 ***	-0.217 ***	-0.446 ***	-2.246 ***	-1.547
	(129.89)	(53.71)	(18.75)	(18.42)	(0.85)
$exchange$	0.062 ***	0.094 ***	0.509 ***	0.116 ***	1.082
	(20.60)	(283.89)	(12.14)	(8.68)	(0.99)
$contig$	-0.496 ***	-0.724 ***	5.472 ***	-2.054 ***	-2.242 ***
	(26.42)	(58.32)	(10.50)	(17.57)	(2.85)

变量	Q10	Q25	Q50	Q75	Q90
comlang	− 5. 115 ***	− 3. 509 ***	− 1. 010 ***	− 0. 489 **	6. 089 ***
	(221. 59)	(236. 96)	(8. 28)	(2. 15)	(5. 53)
comrelig	36. 357 ***	33. 671 ***	49. 143 ***	55. 448 ***	105. 951 *
	(47. 99)	(76. 61)	(13. 06)	(22. 42)	(1. 76)
rta	1. 307 ***	0. 811 ***	1. 150 ***	1. 587 ***	0. 093
	(68. 43)	(260. 58)	(115. 79)	(6. 66)	(0. 11)
N	2841	2841	2841	2841	2841

注：***、**、*分别表示在 1%、5%、10% 显著性水平下显著，括号内为 t 值。分位数回归中的 Q10、Q25、Q50、Q75、Q90 分别对应不同的分位点。

东道国人均国内生产总值与中国进口呈显著正相关，不论是低分位点回归还是高分位点回归中，该观点均成立。这表明东道国供给能力是影响中国进口的重要因素，东道国人均国内生产总值越大，其供给能力越强，越能满足中国的进口需求。就面板分位数回归而言，随着进口在条件分布不同位置的变动，东道国国内生产总值的系数呈现一定的变化规律。随着条件分布由低位向高位变动，东道国国内生产总值的系数有所增大。这意味着东道国市场规模对中国进口的促进作用主要集中在条件分布的高分位点，即进口贸易量较大时，或对于与中国进口贸易关联度较大的国家和地区而言，对外直接投资的进口创造效应较强。中国人均国内生产总值的系数为正，但在不同分位点处，系数的大小和显著性有所不同。低分位点和中分位点处，中国人均国内生产总值的系数在 1% 水平下是显著的，但在 90 分位点处，该系数在 10% 水平下是不显著的，而且随着条件分布由低分位点向高分位点移动，人均国内生产总值的系数不断变小，这意味着国内市场规模的进口创造效应集中体现在贸易量较小时。

其他控制变量的系数符号和显著性基本符合预期。其中，运输成本的系数为负值，且在 10 分位点、25 分位点、50 分位点和 75 分位点处，运输成本的系数通过了 1% 显著性水平检验。由分位数回归的结果可知，随着条件分布由低分位点向高分位点移动，运输成本系数的绝对值有所增长，表明运输成本对进口的负向作用集中体现在贸易量较大时，或是与中国进口贸易联系较深的国家和地区。汇率的系数为正，且在 10 分位点、25 分位点、50 分位点和 75 分位点处，通过了 1% 显著性水平检验，这意味着人民币相对东道国货币贬值，反而有助于中国进口增长，可能是由于进口产品的价格弹性大于 1，汇兑成本带动的价格下降所引发的进口量增长，抵消了价格下降的损失。

共同信仰指数、区域贸易和投资协定的系数均为正，且在 10 分位点、25 分位点、50 分位点和 75 分位点处，通过了 1% 显著性水平检验，这表明共同的信仰和签订贸易投资协定，同样能够推动中国进口增长。值得关注的是，两地接壤、共同官方语言的系数为负值，且在不同分位点处，均通过了 1% 显著性水平检验，这表明与中国接壤，或拥有共同语言的国家和地区，对中国的出口更少。这可能是由于数据本身的问题，现阶段中国主要从美国进口中间产品，从中东、澳大利亚等地区进口能源和矿产资源，且此类产品总量大、金额大，导致从数据层面呈现中国更多地从不接壤的地区、非共同官方语言地区进口产品的数据结构。

与出口的情形类似，虽然对外直接投资的进口效应得到验证，但依据经济直觉，实证研究中存在内生性问题，即因进口可能反向作用于对外直接投资而产生的内生性解释变量问题。同前面的思路一致，选择与对外直接投资相关，但不直接与进口相关的经济变量。换言之，采用仅能通过影响对外直接投资而作用于进口的变量——中国与东道国的贷款利率差，作为工具变量进行稳健性估计，具体的回归结果见表 3 - 6。由表 3 - 6 可知，对外直接投资系数显著为正，证实中国对东道国直接投资增长能够带动中国进口量的增长，不同分位数下对外直接投资系数呈现一定规律，即随着条件分布由低分位点向中高分位点移动，对外直接投资系数不断变小，这意味着对外直接投资的进口促进效应集中体现在贸易量较小时，或是与中国进口贸易联系较少的国家和地区。

表 3 – 6　　　　　考虑内生性的对外直接投资进口效应回归结果

变量	Q10	Q25	Q50	Q75	Q90
ln*odi*	1. 192 ***	0. 927 ***	0. 698 ***	0. 599 ***	0. 515 ***
	(1079. 01)	(146. 34)	(65. 46)	(24. 41)	(1043. 95)
ln*pgdp*	0. 266 ***	0. 614 ***	0. 753 ***	1. 009 ***	0. 792 ***
	(115. 08)	(242. 34)	(62. 67)	(27. 23)	(1463. 75)
ln*pgdp_ c*	1. 489 ***	1. 296 ***	0. 723 ***	0. 064	0. 769 ***
	(152. 83)	(157. 15)	(32. 81)	(0. 43)	(249. 10)
ln*dis*	− 0. 673 ***	− 0. 304 ***	− 0. 405 ***	− 0. 989 ***	− 0. 241 ***
	(138. 02)	(9. 19)	(8. 27)	(6. 62)	(79. 78)
exchange	0. 159 ***	0. 073 ***	0. 025 ***	0. 097 ***	0. 028 ***
	(110. 30)	(20. 93)	(9. 44)	(4. 96)	(47. 77)
contig	− 0. 892 ***	− 0. 903 ***	− 1. 387 ***	− 1. 207 ***	− 0. 279 ***
	(66. 56)	(47. 86)	(14. 83)	(5. 27)	(47. 31)
comlang	− 5. 616 ***	− 3. 178 ***	− 1. 973 ***	− 4. 408 ***	− 0. 399 ***
	(291. 26)	(32. 05)	(14. 60)	(7. 97)	(50. 46)
comrelig	45. 695 ***	25. 999 ***	18. 996 ***	4. 225	9. 900 ***
	(111. 99)	(21. 81)	(6. 87)	(0. 64)	(90. 17)
rta	1. 745 ***	0. 774 ***	0. 406 ***	0. 141	1. 183 ***
	(197. 69)	(29. 09)	(3. 59)	(0. 55)	(213. 24)
N	2841	2841	2841	2841	2841

注：*** 分别表示在 1% 显著性水平下显著，括号内为 t 值。分位数回归中的 Q10、Q25、Q50、Q75、Q90 分别对应不同的分位点。

东道国人均国内生产总值系数显著为正，表明东道国人均国内生产总值的增长有助于中国从其进口货物量的增长。东道国人均国内生产总值的增长不仅体现市场规模扩大，还体现出该国的生产供给能力和生产技术、生产效率的提升，因此有利于中国更多地从该国或地区进口货物。中国人均国内生产总值的系数为正，但在不同分位点处，系数的大小和显著性有所不同。整体上看，低分位点和中分位点处，在 1% 显著性水平下，中国人均国内生产总值的系数是显著的且数值较大，但在高分位点尤其是 75 分位点处，中国人均国内生产总值的系数变得不显著且数值有所下降，这表明国内市场规模的进口创造效应集中体现在贸易量较小时，结果与未考虑内生性问题时是一致的。

部分控制变量的系数符号基本符合预期，如距离的系数显著为负，均通过了 1% 显著性水平检验，表明即使考虑内生性问题，距离依旧是阻碍进口贸易的重要变量，随着条件分布由低分位点向高分点移动，距离的系数并未呈现明显的规律性。汇率的系数显著为正，意味着人民币相对东道国货币贬值，反而有助于中国进口增长，理由如前文所述，可能是由于进口产品的价格弹性大于 1，汇兑成本带动的价格下降所引发的进口量增长，抵消了价格下降的损失。共同信仰指数、区域贸易投资协定的系数均为正，且在 10 分位点、25 分位点、50 分位点和 75 分位点通过了 1% 显著性水平检验，其中，当贸易量较小或对于与中国进口贸易关联度较低的国家和地区，共同信仰对进口的促进作用更强，区域贸易投资协定对进口的促进作用体现在较低分位点和较高分位点，即当贸易量大或贸易量小时，其促进作用更为强烈，而贸易量居中时，促进作用相对较小。边界接壤、共同官方语言的系数为负值，理由如前文所述，不再说明。

3.4.2　分样本回归结果及分析

在总体研究的基础上，进一步研究中国对不同区域投资产生的贸易效应。根据人均国民收入的差异，联合国将国家和地区划分为低收入组、中低收入组、中高收入组和高收入组，并且划分标准每年均有所变化。笔者将低收入组、中低收入组统称为中低收入国家和地区，中高收入、高收入组统称为中高收入国家和地区，根据每年的划分标准，分两组分别开展回归，实证检验中国对不同收入群组国家投资产生的贸易效应。具体的分类标准见表 3 - 7。由表 3 - 7 可知，分类标准逐年提升，2020 年人均国民收入小于等于 1035 美元的国家和地区被划为低收入组，标准较上年提升 10 美元，人均国民收入 1036 ~ 4045 美元的国家和地区被划入中低收入组，人均国民收入 4046 ~ 12535 美元的国家和地区被划入中高收入组，大于 12535 美元的国家和地区被划入高收入组，标准较上年提高 160 美元。简便起见，实证研究中默认不论是中低收入群组还是中高收入群组，进出口贸易均反向影响对外直接投资，即分组回归中同样存在内生性问题，并且仅报告以东道国与中国的贷款利率差作为工具变量的回归结果，不再报告未考虑内生性问题的一般性回归结果。

表3－7　　　　**联合国关于不同收入群组国家和地区的分类标准**　　单位：现价美元

年份	低收入组	中低收入组	中高收入组	高收入组
2003	≤735	736～2935	2936～9075	>9075
2004	≤765	766～3035	3036～9385	>9385
2005	≤825	826～3255	3256～10065	>10065
2006	≤875	876～3465	3466～10725	>10725
2007	≤905	906～3595	3596～11115	>11115
2008	≤935	936～3705	3706～11455	>11455
2009	≤975	976～3855	3856～11905	>11905
2010	≤995	996～3945	3946～12195	>12195
2011	≤1005	1006～3975	3976～12275	>12275
2012	≤1025	1026～4035	4036～12475	>12475
2013	≤1035	1036～4085	4086～12615	>12615
2014	≤1045	1046～4125	4126～12745	>12745
2015	≤1045	1046～4125	4126～12735	>12735
2016	≤1025	1026～4035	4036～12475	>12475
2017	≤1005	1006～3955	3956～12235	>12235
2018	≤995	996～3895	3896～12055	>12055
2019	≤1025	1026～3995	3996～12375	>12375
2020	≤1035	1036～4045	4046～12535	>12535

　　表3－8给出了中国对中高收入国家和地区直接投资所产生的出口效应。由表3－8可知，中国对发达国家（地区）直接投资具有显著的出口创造效应，不同分位点下的回归结果显示，对外直接投资的系数均通过了1%显著性水平检验。从分位数回归结果看，随着出口在条件分布不同位置的变动，对外直接投资的系数变化无明显的规律性，但总体上中分位点处，对外直接投资的系数绝对值较大。随着条件分布由低分位点向高分位

点移动，对外直接投资的系数先上升后降低，即由 10 分位点的 0.334 升至 25 分位点的峰值 0.492，随后不断下降，90 分位点处系数值为 0.389，与 10 分位点基本持平。这意味着，当贸易量较大时或贸易量较小时，中国对中高收入国家（地区）对外直接投资的出口创造效应较不明显。

表 3 - 8　　　　考虑内生性的中国对外直接投资出口效应的
中高收入国家（地区）样本回归结果

变量	Q10	Q25	Q50	Q75	Q90
ln*odi*	0.334 ***	0.492 ***	0.456 ***	0.426 ***	0.389 ***
	(14.30)	(854.16)	(20.06)	(19041.73)	(465.66)
ln*pgdp*	0.247 ***	0.455 ***	0.427 ***	0.478 ***	0.559 ***
	(17.56)	(491.07)	(28.80)	(10654.84)	(156.63)
ln*pgdp_ c*	− 0.772 ***	− 0.774 ***	− 0.640 ***	− 0.459 ***	− 0.411 ***
	(2.69)	(334.40)	(28.79)	(6445.03)	(57.99)
ln*dis*	− 0.291 **	− 0.332 ***	− 0.139 ***	− 0.265 ***	− 0.210 ***
	(2.26)	(298.15)	(8.54)	(926.43)	(36.14)
exchange	− 0.066 ***	− 0.047 ***	− 0.012 ***	− 0.017 ***	− 0.042 ***
	(10.29)	(114.83)	(3.19)	(4172.09)	(109.11)
contig	1.619 ***	0.607 ***	0.455 **	0.194 ***	0.680 ***
	(24.92)	(140.58)	(1.97)	(270.62)	(44.17)
comlang	2.683 ***	0.252 ***	0.099	0.096 ***	0.371 ***
	(23.07)	(53.61)	(0.56)	(503.56)	(22.58)
comrelig	45.494 ***	6.030 ***	14.998 ***	4.742 ***	17.357 ***
	(8.89)	(74.02)	(4.56)	(449.19)	(109.76)
rta	0.089	0.265 ***	0.088	0.187 ***	0.014
	(1.12)	(44.76)	(1.43)	(1582.16)	(1.56)
N	1547	1547	1547	1547	1547

注：*** 、** 分别表示在 1%、5% 显著性水平下显著，括号内为 t 值。分位数回归中的 Q10、Q25、Q50、Q75、Q90 分别对应不同的分位点。

东道国人均国内生产总值的系数显著为正，这表明中高收入国家国内市场规模是影响中国对其出口的重要因素。随着条件分布由低分位点向高分位点移动，东道国人均国内生产总值的系数变大，这意味着当贸易量较大时，中高收入国家（地区）国内生产总值对中国出口的正向影响更为明显。而中国人均国内生产总值的系数显著为负，可能是由于国内市场规模扩大，形成出口替代，部分企业转向内销。同时结果显示，中国人均国内生产总值对出口的负向影响，更多地体现在贸易规模较小时。其他控制变量基本符合预期，其中运输成本系数显著为负，共同边界的系数显著为正，共同官方语言的系数显著为正，共同信仰指数的系数显著为正，这与全部样本的回归结果保持一致，区域贸易投资协定系数为正，但不同分位点回归下的显著性有所差异。汇率系数为负，表明人民币贬值无益于中国出口增长，这与全样本回归结果一致。

表 3 - 9 给出了中国对中低收入国家和地区直接投资的出口效应回归结果。值得说明的是，控制变量中包含较多因子变量，导致方差协方差矩阵不可逆等问题，无法得到回归结果，故在中低收入回归结果中舍弃个别因子变量，如共同官方语言。由表 3 - 9 可知，对外直接投资对中国出口具有显著的促进作用。分位数回归结果显示，随着条件分布由低分位点向高分位点移动，对外直接投资的系数总体呈现下降趋势。即由 10 分位点的 0.504 降至 90 分位点的 0.286，其中 25 分位点回归中系数未通过 10% 显著性水平检验。这表明当贸易量较小时，中国对中低收入经济体直接投资的出口创造效应更为明显，这与全样本回归结果一致。

表 3 - 9　　　　考虑内生性的中国对外直接投资出口效应的中低收入国家（地区）样本回归结果

变量	Q10	Q25	Q50	Q75	Q90
ln*odi*	0.504 ***	0.124	0.374 ***	0.351 ***	0.286 ***
	(18.56)	(0.76)	(22.26)	(67.79)	(64.42)
ln*pgdp*	0.607 ***	0.369 ***	0.583 ***	0.687 ***	0.704 ***
	(5.73)	(4.11)	(9.09)	(36.26)	(82.38)
ln*pgdp*_ c	- 0.229 **	- 0.045	- 0.072	- 0.159 ***	- 0.035 **
	(2.31)	(0.32)	(1.19)	(5.36)	(2.28)
ln*dis*	- 1.117 ***	- 1.851 **	- 0.214 *	- 0.038	- 0.112 ***
	(5.04)	(2.57)	(1.85)	(1.03)	(13.31)
exchange	- 0.180 ***	- 0.101	- 0.034 ***	- 0.005	- 0.032 ***
	(10.16)	(1.34)	(3.28)	(0.97)	(8.79)

续表

变量	Q10	Q25	Q50	Q75	Q90
contig	2. 449 ***	2. 781 **	0. 174	0. 395 ***	0. 733 ***
	(5. 25)	(2. 53)	(0. 85)	(5. 15)	(56. 69)
comrelig	68. 501 ***	99. 200 ***	43. 350 ***	17. 549 ***	1. 403 **
	(5. 65)	(5. 11)	(7. 05)	(9. 74)	(2. 13)
rta	0. 416	1. 133 ***	1. 034 ***	1. 569 ***	1. 476 ***
	(1. 16)	(5. 59)	(2. 75)	(25. 46)	(59. 75)
N	1311	1311	1311	1311	1311

注：*** 、** 、* 分别表示在1%、5%、10%显著性水平下显著，括号内为 t 值。分位数回归中的 Q10、Q25、Q50、Q75、Q90 分别对应不同的分位点。

控制变量中，东道国人均国内生产总值的系数为正值，且在不同分位点回归中均通过了1%显著性水平检验，表明东道国人均国内生产总值提升有助于中国对其出口。随着条件分布由低分位点向高分位点移动，对外直接投资的系数先下降后有所上升，这意味着当出口量较少或者对于与中国贸易联系较少的国家而言，东道国人均国内生产总值对出口的促进作用更为明显。中国人均国内生产总值系数显著为负，与全样本结果一致，可能是由于国内市场规模扩大，形成出口替代，部分企业转向内销。同时结果显示，中国人均国内生产总值对出口的负向影响，更多地体现在贸易规模较小时。运输成本的系数显著为负，表明运输距离增大或油价波动，对中国出口形成负向影响，分位数回归结果显示，运输成本对中国对中低收入国家出口的负向影响集中体现在贸易量较少时。

其他控制变量中，汇率系数为负，其中10分位点、50分位点、75分位点和90分位点处，系数通过了1%显著性水平检验，这表明人民币相对东道国货币贬值，反而有助于中国对东道国出口，可能与出口产品价格弹性大于1有关。共同边界的系数为正，且在10分位点、25分位点、75分位点和90分位点处，通过了至少5%的显著性水平检验。共同信仰指数的系数为正，且均通过了至少5%的显著性水平检验，值得说明的是，随着条件分布由低分位点向高分位点移动，共同信仰指数的系数总体呈下降态势，这表明贸易量较小时，共同信仰指数对出口的促进作用更大。区域贸易投资协定的系数为正，但低分点处系数不显著且系数值较小，高分位点处系数在1%水平下显著且系数值较大，这意味着贸易量较大时，区域贸易投资协定对出口的促进作用更大。

表3-10给出了中国对中高收入国家和地区直接投资进口效应的回归结果。对外直接投资系数显著为正，且在不同分位点均通过了1%显著性水平检验。随着条件分布由低分位点向高分位点移动，对外直接投资的系数逐渐降低，这与全样本回归结果一致，表明对外直接投资的进口促进效应集中体现在贸易量较小时，或是与中国进口贸易联系较少的中高收入国家和地区。部分控制变量的符号符合预期且通过了显著性检验，其中东道国人均国内生产总值的系数显著为正，且50分位点处系数值为最大值。运输成本的系数显著为负，表明运输成本是阻碍中国进口的重要因素，同时低分位点处运输成本系数的绝对值大于高分位点处，表明贸易量较少时，运输成本对进口的抑制作用更为明显。共同信仰指数的系数显著为正，表明共同的宗教信仰或文化信仰，能够促进中国从东道国进口，且从系数的大小来看，贸易量较少时共同信仰对进口的促进作用更大。

表3-10 考虑内生性的中国对外直接投资进口效应的
中高收入国家（地区）样本回归结果

变量	Q10	Q25	Q50	Q75	Q90
lnodi	0.936 ***	0.845 ***	0.609 ***	0.589 ***	0.549 ***
	（692.70）	（153.60）	（74.76）	（206.43）	（1212.37）
ln$pgdp$	0.283 ***	0.528 ***	0.881 ***	0.356 ***	0.392 ***
	（39.13）	（27.19）	（34.30）	（8.91）	（349.89）
ln$pgdp\_c$	-1.732 ***	-1.699 ***	-0.982 ***	-0.892 ***	-0.884 ***
	（86.23）	（48.80）	（23.16）	（34.84）	（1289.63）
lndis	-1.308 ***	-0.440 ***	-0.191 ***	-0.483 ***	-0.236 ***
	（111.05）	（12.11）	（5.06）	（4.86）	（120.01）
$exchange$	0.124 ***	0.063 ***	0.007	0.006 ***	0.007 ***
	（167.97）	（36.09）	（0.85）	（4.10）	（63.87）
$contig$	-3.529 ***	-2.223 ***	0.506 ***	-0.763 ***	-0.379 ***
	（196.19）	（19.77）	（8.11）	（3.29）	（66.73）

续表

变量	Q10	Q25	Q50	Q75	Q90
comlang	− 0. 199 ***	− 2. 283 ***	− 1. 605 ***	− 1. 020 ***	− 0. 587 ***
	(17. 60)	(15. 66)	(10. 64)	(12. 18)	(205. 83)
comrelig	119. 558 ***	17. 314 ***	26. 980 ***	1. 496	23. 360 ***
	(229. 57)	(8. 60)	(6. 42)	(0. 27)	(209. 36)
rta	1. 579 ***	0. 723 ***	1. 180 ***	1. 085 ***	0. 961 ***
	(167. 67)	(10. 14)	(47. 42)	(16. 94)	(545. 51)
N	1538	1538	1538	1538	1538

注: *** 表示在 1% 显著性水平下显著, 括号内为 t 值。分位数回归中的 Q10、Q25、Q50、Q75、Q90 分别对应不同的分位点。

值得关注的是, 与全样本回归类似, 部分控制变量的系数符号并不符合预期。其中, 中国人均国内生产总值的系数为负, 且在 10 分位点、25 分位点、50 分位点、75 分位点和 90 分位点处, 均通过了 1% 显著性水平检验。这可能是由于人均国内生产总值体现了国内生产供给能力, 供给能力扩张一定程度上导致进口替代。汇率的系数为正, 而且除 50 分位点处外, 其他分位点处汇率的系数均通过了 1% 显著性水平检验, 这意味着人民币对东道国货币贬值反而促进了中国进口, 可能的原因是总体上进口产品价格弹性大于 1。共同官方语言、共同边界的系数为负值, 且在 1% 水平下是显著的, 这表明与中国接壤, 或拥有共同语言的国家和地区, 对中国的出口更少。这可能是由于数据本身的问题, 现阶段中国主要从美国进口中间产品, 从中东、澳大利亚等地区进口能源和矿产资源, 且此类产品总量大、金额大, 导致从数据层面呈现出中国更多地从不接壤的地区、非共同官方语言地区进口产品的数据结构。

表 3 - 11 给出了中国对中低收入国家 (地区) 直接投资进口效应的回归结果。由表 3 - 11 可知, 对外直接投资的系数为正值, 且在不同分位点均通过了 1% 显著性水平检验, 这表明中国对中低收入国家和地区的直接投资促进了中国从其进口。与全样本回归结果类似, 随着条件分布由低分位点向高分位点移动, 对外直接投资的系数逐渐减少, 由 10 分位点的 1. 095 降至 90 分位点的 0. 413, 这意味着贸易量较少时, 对外直接投资对

进口的促进作用更大。控制变量的回归结果与全样本回归结果基本一致，其中东道国人均国内生产总值的系数为正值，且至少在 5% 水平下是显著的。运输成本的系数为负值，且在 10 分位点通过了 10% 显著性水平检验，在其他分位点通过了 1% 显著性水平检验，表明贸易量较少时，运输成本对中国从中低收入国家和地区进口的抑制作用不明显。

表 3 – 11　　考虑内生性的中国对外直接投资进口效应的中低收入国家（地区）样本回归结果

变量	Q10	Q25	Q50	Q75	Q90
lnodi	1.095 ***	1.124 ***	0.802 ***	0.696 ***	0.413 ***
	(6.82)	(58.74)	(41.87)	(132.45)	(1121.48)
ln$pgdp$	0.696 **	0.361 ***	1.004 ***	1.107 ***	1.141 ***
	(2.02)	(7.66)	(19.19)	(15.87)	(3235.43)
ln$pgdp\_c$	−0.388	−1.140 ***	−0.903 ***	−0.636 ***	−0.784 ***
	(0.43)	(7.50)	(18.47)	(2.83)	(814.97)
lndis	−1.110 *	0.089 ***	−0.396 ***	−0.294 ***	−0.301 ***
	(1.91)	(3.09)	(11.57)	(7.34)	(312.59)
$exchange$	0.065	0.009	0.072 ***	0.013	0.132 ***
	(1.01)	(0.12)	(8.95)	(0.49)	(411.25)
$contig$	−0.345	−0.861 *	−1.159 ***	−1.188 ***	−0.527 ***
	(0.63)	(1.75)	(43.07)	(13.53)	(436.73)
$comrelig$	10.677	25.447 ***	20.600 ***	15.851 ***	12.844 ***
	(0.40)	(3.70)	(7.10)	(4.09)	(358.55)
rta	0.001	0.253	0.688 ***	0.863	1.722 ***
	(0.00)	(0.92)	(6.08)	(1.21)	(1473.93)
N	1303	1303	1303	1303	1303

注：***、**、* 分别表示在 1%、5%、10% 显著性水平下显著，括号内为 t 值。分位数回归中的 Q10、Q25、Q50、Q75、Q90 分别对应不同的分位点。

其他控制变量中汇率、中国人均国内生产总值、共同边界、共同官方语言的系数不符合预期。根据直觉和理论预期，汇率系数应当是负值，即人民币对东道国货币贬值，推动进口量减少，但回归发现汇率系数为正值，且在个别分位点处通过了 1% 显著性水平检验，这意味着人民币对东道国货币贬值，有利于中国从东道国进口，这可能是由于进口产品价格弹性大于 1。中国人均国内生产总值系数为负值，而且除 10 分位点外，其他分位点该系数均通过了 10% 显著性水平检验，原因如上文所言，不再赘述。共同边界系数同样为负值，而且除 10 分位点外，其他分位点该系数至少通过了 10% 显著性水平检验，其中的原因如前所述，不再赘言。共同信仰指数的系数为正，且除 10 分位点外，其他分位点该系数均通过了 1% 显著性水平检验，这表明拥有共同宗教信仰或文化信仰能够促进中国从东道国进口。区域贸易投资协定的系数符合预期，且在 50 分位点、90 分位点通过了 1% 显著性水平检验，这表明与东道国签订区域贸易投资协定能够促进中国从东道国进口。

综合上述分析发现，中国对中高收入国家（地区）、中低收入国家（地区）直接投资均存在显著的出口创效效应，其中当贸易规模较小时，中国对中低收入国家和地区直接投资的出口创造效应最为明显、作用更大，中国对中高收入国家和地区直接投资的出口创造效应未表现出明显的规律性。中国对中高收入国家（地区）、中低收入国家（地区）直接投资的进口创造效应同样明显。其中，从效应的大小来看，不论是中国对中高收入国家和地区的投资，还是中国对中低收入国家和地区的直接投资，其所产生的进口促进作用主要体现在贸易规模较小时。

3.5　小结

本章通过机理分析和实证研究证明了中国对外直接投资贸易效应及其地区差异的存在性。机理分析结合对外直接投资动机阐释了不同对外直接投资动机引致的贸易效应，主要包括：为出口服务的海外市场寻求型对外直接投资，通过对东道国开展对外直接投资，在当地建立分支企业，熟悉当地市场、文化和消费习惯，构造企业营销网络，进而促进本国出口；贸易壁垒诱发的海外市场寻求型对外直接投资，为了规避关税和非关税壁垒，在主要出口市场直接投资设厂，直接向东道国企业和居民提供产品，进而减少母国出口；战略资源寻求型对外直接投资一方面促进了母国资源类产品的进口,另一方面在海外投资设厂带动了母国中间产品和生产设备的出口;无形资产寻求型对外直接投资带动了蕴含国外先进技术的产品进口;效率寻求型对外直接投资将母国业已丧失比较优势的产业转移到东道国,一方面能够带动母国此类产品的进口,另一方面在海外投资设厂带动了母国原材料、中间产品和生产设备的出口。

实证回归结果进一步验证了中国对外直接投资贸易效应的存在,考虑到对外直接投资和出口(进口)的双向因果关系,避免内生性解释变量问题,选用东道国与中国贷款利率差值作为工具变量,进行稳健性回归。回归结果显示:中国对外直接投资的出口创造效应主要集中在条件分布的低分位点,中国对外直接投资的进口创造效应同样集中在条件分布的低分位点,这表明当贸易规模较小,或对于与中国贸易联系程度不高的国家和地区而言,对其投资所产生的出口、进口促进作用更大。分样本回归结果显示:中国对中高收入国家和地区、中低收入国家和地区的直接投资能够带动中国向其出口,同样对这些国家的直接投资也能够带动中国从其进口,值得说明的是,当贸易规模较小时,中国对中低收入国家和地区直接投资的出口创造效应最为明显、作用更大,中国对中高收入国家和地区直接投资的出口创造效应未表现出明显的规律性,中国对中高收入国家和地区、中低收入国家和地区的直接投资,其所产生的进口促进作用更多地体现在贸易规模较小时。

第4章 中国对外直接投资的 贸易二元边际效应

4.1 问题的提出

对外直接投资与对外贸易的关系得到了广泛而持久的关注。早期研究主要基于发达国家视角，随着中国对外贸易的蓬勃发展和对外直接投资的高速增长，针对中国对外直接投资与对外贸易关系的研究日益增多。但过往研究只是考察了中国对外直接投资对总体贸易增长的影响，尚未考虑中国对外直接投资对贸易增长微观构成的影响。根据新近的企业层面贸易理论，一国出口增长的源泉是扩展边际和集约边际。虽然由于研究的侧重点不同，不同文献对扩展边际和集约边际的定义有一定差异，但归结来看，扩展边际指的是新出口产品种类的出现和原来不出口的企业进入出口市场，集约边际指的是原有出口产品种类和原出口企业出口数量增长。后续的研究表明，如果一国出口增长主要源于集约边际，则该国出口易受到外部冲击的影响，出口具有较大的波动；如果一国出口增长主要源于扩展边

89

际，不仅可以有效地抵御外部冲击，还可以防止贸易条件恶化，提高本国居民福利水平。

本章基于 2003~2020 年中国对 68 个国家和地区的直接投资数据和贸易数据，考察了中国直接投资对出口和进口二元边际的影响，以弥补现有实证研究的不足。本章不仅考虑到了出口的二元边际，同样考察了进口的二元边际，在外部市场疲软、人民币不断升值以及我国重点提振内需的大背景下，研究中国对外直接投资对进口二元边际的影响具有重大的现实意义，得出的结论对当下经济更具启示意义。

4.2　二元边际的相关研究

4.2.1　二元边际的概念界定

在梅利兹（Meltiz，2003）、赫尔普曼等（Helpman et al.，2004）等经典研究基础上，贸易被分解成二元边际，即集约边际和扩展边际。但由于研究视角不同，对二元边际的概念界定没有统一的认识。当下的研究主要是从产品、企业和出口目的地（贸易伙伴）三个层面界定二元边际的内涵。

钱尼（Chaney，2008）基于产品层面认为，集约边际表现为原有出口产品出口数量的增加，扩展边际表现为出口产品种类的增加。分解方法为：

$$\frac{\sum_i V_{it} - \sum_i V_{it-1}}{\sum_i V_{it-1}} = \frac{\sum_{i \in I} V_{it} - \sum_{i \in I} V_{it-1}}{\sum V_{it-1}} - \frac{\sum_{i \in I_{t-1}^p} V_{it-1}}{\sum V_{it-1}} + \frac{\sum_{i \in I_{t-1}^N} V_{it}}{\sum V_{it-1}}$$

$$(4-1)$$

式（4-1）中，等号左边为出口产品增长率；等号右边第一项为 t 期和 $t-1$ 期都出口的产品增长率，代表集约边际，第二项为 $t-1$ 期出口、t 期不出口的产品消失率，第三项为 $t-1$ 期不出口、t 期出口的产品的增长率，第二项和第三项之和代表扩展边际。由于进出口细分产品数据易得，基于此视角的国内研究文献较多，如钱学锋（2008）、钱学锋和熊平（2010）、柴华（2009）等。

梅利兹（Meltiz，2003）、伯纳德等（Bernard et al.，2010）和赫尔普曼等（Helpman et al.，2007）从企业层面出发，认为集约边际表现为原有出口企业出口额增加，扩展边际表现为出口企业数量增加。但大部分此类文献假定出口在每个企业之间是均匀分布的，这与现实不符。由于企业层面数据可得性较差，基于此视角的国内研究文献较少。费尔伯迈尔和科勒（Felbermayr & Kohler，2006）从出口目的地层面出发，定义集约边际为深化的双边贸易关系，扩展边际为新建立的双边贸易伙伴关系。有关二元边际概念界定的文献虽研究视角不同，分解方法不同，但都认为集约边际表现为单一方向上数量的增加，扩展边际表现为新出口产品、新出口企业和新贸易伙伴的出现

4.2.2　对外贸易二元边际分解的实证研究

国内外学者对扩展边际和集约边际的概念内涵作出界定的同时，选取不同国家（地区）样本，基于产品、企业或出口目的地（贸易伙伴）视角，分析集约边际和扩展边际在贸易增长中的贡献。基于产品层面的研究主要有：姜（Kang，2004）、胡梅尔斯和克列诺（Hummels & Klenow，2005）、艾米蒂和弗洛因德（Amiti & Freund，2008）、段志煌（Tuan，2010）、钱学锋（2008）、钱学锋和熊平（2010）、马涛和刘仕国（2010）等。姜（Kang，2004）对韩国和中国台湾出口贸易进行二元分解，发现扩展边际即出口产品种类增加是韩国和中国台湾出口贸易增长的重要源泉。胡梅尔斯和克列诺（Hummels & Klenow，2005）利用 110 个国家向 59 个商品进口国出口的 5000 种商品数据，研究发现，对于拥有较大市场规模的国家而言，扩展边际占出口贸易增长和进口贸易增长的比重分别为 2/3 和 1/3。钱学锋（2008）运用企业异质性贸易模型，对中国 2003～2006 年

的贸易增长进行二元分解，结果表明，中国出口扩张主要沿集约边际实现。

基于企业层面的研究主要有：布欧诺等（Buono et al.，2008）、伯纳德等（Bernard et al.，2009）。布欧诺等（Buono et al.，2008）利用19000家法国出口企业的面板数据，刻画企业向不同国家出口的动态过程，研究发现：（1）单个企业向特定出口目的地的出口价值波动性较大，集约边际（已经建立的贸易关系的深化）解释了这种波动的90%，扩展边际（新贸易伙伴关系的建立）解释了这种波动的10%；（2）单个企业与新建立的贸易伙伴的贸易额较少，通常低于1000欧元。由此可见，集约边际在贸易增长中的重要性。伯纳德等（Bernard et al.，2009）对1993~2003年美国出口贸易分解发现，由扩展边际引致的出口贸易额增加占到出口总增加额的66%，其中由新增出口公司数目引起的贸易增长占比24%，由新增公司出口产品种类引起的贸易增加占比42%。

基于出口目的地（贸易伙伴）的研究主要有：赫尔普曼等（Helpman et al.，2007）、艾弗奈特和维纳布林斯（Evenett & Venables，2009）、费尔伯迈尔和科勒（Felbermayr & Kohler，2006）、帕切奥和皮尔罗拉（Pacheo & Pierola，2008）、本等（Ben，2010）。赫尔普曼等（Helpman et al.，2007）分析1970~1997年世界贸易增长的源泉，认为世界贸易增长主要依靠集约边际，即原有国家贸易关系的深化。艾弗奈特和维纳布林斯（Evenett & Venables，2009）利用23个发展中国家1970~2007年出口贸易数据，论证了双边贸易矩阵中"零"贸易的消失以及扩展边际对总出口贸易增长的贡献。他们认为，扩展边际对贸易增长的贡献大于集约边际并主要受市场规模、地理临近、国家之间是否接壤、是否拥有共同的语言等因素影响，这与赫尔普曼等（Helpman et al.，2007）的结论截然相反。由于样本、数据选取的差异，测度方法的差异，研究视角的差异，国内外学者在扩展边际和集约边际对贸易增长的贡献方面的研究结论存在较大分歧。

4.2.3 二元边际的影响因素

4.2.3.1 贸易成本

贸易成本形式多样,安德鲁和温库普(Anderson & Wincoop,2004)认为,贸易成本涵盖了商品最终到达消费者的一切成本,包括出口市场进入固定成本、可变成本、运输成本、关税和非关税壁垒、契约风险等。国内外学者采用典型事实分析或反事实分析的方法探究不同贸易成本对二元边际的影响。高柏等(Goldberg et al,2011)通过分析20世纪90年代印度贸易自由化对印度进口贸易的影响,发现贸易成本下降引起的进口增长约67%来源于扩展边际。芬斯特拉和凯(Feenstra & Kee,2007)研究发现,1990~2001年,受北美自由贸易区形成引致的贸易成本下降的影响,墨西哥出口到美国的商品种类大幅增加,即扩展边际占比上升。

但上述研究均未细分固定成本和可变成本下降对二元边际的影响。坎奇(Kancs,2007)研究区域贸易自由协定对巴尔干地区贸易增长的影响时发现,出口固定成本对扩展边际和集约边际存在负向影响,出口可变成本只影响集约边际,运输成本及相关地理因素也是影响集约边际和扩展边际的重要因素。劳利斯(Lawless,2010)将美国企业向156个国家的出口分解为出口企业数量(扩展边际)和每个企业的平均出口额(集约边际),借助引力模型,发现距离对集约边际和扩展边际产生负向影响,并且对扩展边际影响更大。钱学锋、熊平(2010)基于企业异质性理论框架,采用1995~2005年中国出口商品数据,对中国出口增长进行二元分解,并模拟贸易成本下降对二元边际的影响。

4.2.3.2 金融因素

金融因素特别是信贷约束作为企业出口融资的重要影响因素,对企业出口决定进而对外贸易的二元边际具有重要影响并受到广泛关注。柏曼和艾力库特(Berman & Hericourt,2011)利用大量企业层面数据,研究金融因素对企业出口决定和企业出口数量的影响。理论分析及实证结果表明,金融约束削弱了企业生产率水平与企业出口决定之间的联系。只有当企业获得外部融资的情况下,生产率水平才是企业出口决定的重要决定因素。同时,一国金融发展能够降低金融约束产生的削弱作用。其他相关研究包括贝洛内等(Bellone et al,2010)、芬斯特拉等(Feenstra et al.,2011)。

汇率作为重要的金融因素,其波动性和不同的汇率制度都会对贸易的二元边际产生影响。弗洛因德和佩尔达(Freund & Pierda,2007)研究发现,发展中国家制造业出口的迅速增加是由真实汇率低估引致的。汇率低估导致资源在出口部门之间重新分配,以及出口产品种类增加和新出口市场建立。同时实证结果表明,出口产品种类增加和新出口市场的建立(扩展边际)对发展中国家出口增长的贡献达25%。综上所述,国内外学者从各个视角对二元边际进行了大量深入的研究,但很少有学者研究国际直接投资对二元边际的影响,本章利用中国对外直接投资和贸易数据试图弥补这一实证研究的不足。

4.3　模型设定与数据选取

4.3.1　模型及变量构造

借鉴钱学锋、熊平(2010)的基本计量模型,并将中国对外直接投资额作为考察变量引入模型,具体见式(4-2)和式(4-3)。

$$\ln E_{ij} = \beta_0 + \beta_1 \ln odi_{ij} + \beta_2 \ln rgdp_{ij} + \beta_3 \ln rlp_{ij} + \beta_4 \ln dis_{ij} + \beta_5 fta + \varepsilon$$

$$(4-2)$$

$$\ln N_{ij} = \beta_0 + \beta_1 \ln odi_{ij} + \beta_2 \ln rgdp_{ij} + + \beta_3 \ln rlp_{ij} + \beta_4 \ln dis_{ij} + \beta_5 fta + \varepsilon$$

$$(4-3)$$

其中,E 表示集约边际,N 表示扩展边际。考察变量 odi 为中国对外直接投资额,以存量形式表示。控制变量为:国家间经济规模的差异,使用各国与中国不变美元价格表示的国内生产总值的比值 $rgdp$ 作为代理变量，采用钱学锋、熊平（2010）的方法，选用 ln（1 + $rgdp$）进入方程；生产率水平差异，使用各国与中国劳动生产率的比值 rlp 作为代理变量，选用 ln（1 + rlp）进入方程；dis 为贸易成本，以距离成本形式表示，fta 为自由贸易协定虚拟变量。

借鉴帕切奥和皮尔罗拉（Pacheo & Pierola，2008）有关集约边际和扩展边际的度量方法，就出口而言，集约边际的度量方法为，将2003年定为基期，2003年某种产品由中国出口到某国或地区，如果2004～2020年，该产品仍然由中国出口到该国或地区，则将其出口额作为集约边际，如果2004～2020年，该产品未由中国出口到该国或地区，则集约边际为零值。扩展边际的度量方法为，首先确定2020年由中国出口到某国或地区但2003年未由中国出口到该国或地区的产品，然后考察2004～2019年，此类产品是否出口到该国或地区，如果出口，则将该产品的出口额作为扩展边际，如果未出口，则扩展边际为零值。就进口而言，集约边际的度量方法为，将2003年定为基期，2003年中国从某国或地区进口某种产品，如果2004～2020年，中国仍从该国或地区进口该产品，则将其进口额作为集约边际，如果2004～2019年，中国未从该国或地区进口该产品，则集约边际为零值。扩展边际的度量方法为，首先确定2020年由中国从某国或地区进口但2003年未由中国从该国或地区进口的产品，然后考察2004～2019年，中国是否从该国或地区进口此类产品，如果进口，则将该产品的进口额作为扩展边际，如果未进口，则扩展边际为零值。

4.3.2　托宾（Tobit）模型

采用上述方法测度集约边际和扩展边际，被解释变量中存在大量零值。此种数据结构属于截取回归模型。截取回归模型适用于某些观测数据被限制在某一个点上的情形。截取回归的分布形态如下。

对于左侧截取分布而言，等于和小于 T 的观测值被压缩在 T_y 点上

$$y = \begin{cases} y^* \ if y^* > T \\ T, if y^* \leqslant T \end{cases} \qquad (4-4)$$

如果连续变量 y 的概率密度函数为 $f(y)$，并且 T 是常数，则：

$$f(y) = \left[f(y^*)\right]^{d_i} \left[F(T)\right]^{1-d_i} \qquad (4-5)$$

y 的密度等于 $y > T$ 时 y^* 的密度，并且等于如果 $y = T$ 时观测到 $y^* < T$ 的概率。d 是指示变量，并且 $y > T$ 时其值等于 1，即观测值未受约束时 d 的值为 1，否则 $d = 0$，即观测值受限的。得到截取和未截取的概率分别为：

$$p(censored) = p(y^* \leqslant T) = \phi\left(\frac{T-\mu}{\sigma}\right) = 1 - \phi\left(\frac{\mu-T}{\sigma}\right) \quad (4-6)$$

$$p(uncensored) = 1 - \phi\left(\frac{T-\mu}{\sigma}\right) = \phi\left(\frac{\mu-T}{\sigma}\right) \qquad (4-7)$$

因此，极大似然函数可以写成：

$$L = \prod_i^N \left[\frac{1}{\sigma}\phi\left(\frac{y-\mu}{\sigma}\right)\right]^{d_i} \left[1 - \phi\left(\frac{\mu-T}{\sigma}\right)\right]^{1-d_i} \qquad (4-8)$$

整个样本的条件期望可以写成：

$$E[y] = (p(uncensored) \times E[y \mid y > T]) + (p(censored) \times E[y \mid y = T_y])$$

$$= \left\{\phi\left(\frac{\mu-T}{\sigma}\right)[\mu + \sigma\lambda(\alpha)]\right\} + \phi\left(\frac{T-\mu}{\sigma}\right)T_y \qquad (4-9)$$

对于 $T = 0$ 的特殊情形，整个样本的条件期望为：

$$E[y] = \phi\left(\frac{\mu}{\sigma}\right)[\mu + \sigma\lambda] \qquad (4-10)$$

$$\lambda = \frac{\phi(\mu/\sigma)}{\phi(\mu/\sigma)} \qquad (4-11)$$

基于以上分析，对托宾模型进行分析，结构方程为：

$$y_i^* = x_i\beta + \varepsilon_i \qquad (4-12)$$

其中，ε 服从均值为零，方差为 σ^2 的正态分布。y^* 是潜变量，可观测到的 y 的表达式为：

$$y_i = \begin{cases} y^* \ y^* > T \\ T, \ if \ y^* \leqslant T \end{cases} \qquad (4-13)$$

在典型的托宾模型中，假设 $T=0$，即数据的截取点是在零点。则有：

$$y_i = \begin{cases} y^* & if \ y^* > 0 \\ 0 & if \ y^* \leq 0 \end{cases} \tag{4-14}$$

对于截取点为零的托宾模型而言，其极大似然函数为：

$$L = \prod_i^N \left[\frac{1}{\sigma}\phi\left(\frac{y_i - x_i\beta}{\sigma}\right) \right]^{d_i} \left[1 - \phi\left(\frac{x_i\beta}{\sigma}\right) \right]^{1-d_i} \tag{4-15}$$

极大似然函数的对数形式为：

$$\ln L = \sum_{i=1}^N \left\{ d_i\left(-\ln\sigma + \ln\phi\left(\frac{y_i - x_i\beta}{\sigma}\right) \right) + (1 - d_i)\ln\left(1 - \phi\left(\frac{x_i\beta}{\sigma}\right) \right) \right\} \tag{4-16}$$

极大似然函数由两部分组成，第一部分对应于未截取部分的回归，第二部分对应于数据受限的可能性。

对于托宾模型而言，学者普遍关心三种期望值，即潜变量 y^* 的期望、未压缩或截取变量 y 的期望和整体样本中 y 的期望。

潜变量 y^* 的期望值为：

$$E[y^*] = x_i\beta \tag{4-17}$$

未截取数据，即 $y \mid y>0$ 的期望值为：

$$E[y \mid y > 0] = x_i\beta + \sigma\lambda(\alpha) \tag{4-18}$$

其中，$\lambda(\alpha) = \dfrac{\phi(x_i\beta/\sigma)}{\phi(x_i\beta/\sigma)}$ 为逆米尔斯比率。

全样本中 y 的期望值为：

$$E[y] = \phi(x_i\beta/\sigma)[x_i\beta + \sigma\lambda(\alpha)] \tag{4-19}$$

其中，$\lambda(\alpha) = \dfrac{\phi(x_i\beta/\sigma)}{\phi(x_i\beta/\sigma)}$ 为逆米尔斯比率。

根据分析目的的不同，学者在回归结果中汇报不同的期望值。

对应于上述三种期望，可以得到托宾模型的三种边际效应，有关潜变量的边际效应为：

$$\frac{\partial E[y^*]}{\partial x_k} = \beta_k \tag{4-20}$$

有关未截取部分观测值的边际效应为：

$$\frac{\partial E[y\mid y>0]}{\partial x_k} = \beta_k\left\{1 - \lambda(\alpha)\left[\frac{x_i\beta}{\sigma} + \lambda(\alpha)\right]\right\} \qquad (4-21)$$

全样本观测值的边际效应为：

$$\frac{\partial E[y]}{\partial x_k} = \phi\left(\frac{x_i\beta}{\sigma}\right)\beta_k \qquad (4-22)$$

根据分析目的的不同，学者在回归结果中汇报不同的边际效应。

4.4 回归结果及分析

本章所采用的托宾模型的计算依赖于正交化方法，此方法是一种依赖于整合点数目选取的渐进估计方法。如果在不同整合点情形下，估计系数未发生变化，则认可估计是稳健的，否则需要重新选取整合点数值再进行对比分析，因此在程序默认值 12 的基础上，又选取了数值 8 和数值 16 作为参考。出口的回归结果见表 4-1。

表 4-1 　　　　　　　　　　　　　出口二元边际的决定因素

变量	扩展边际			集约边际		
	整合点 = 12	整合点 = 8	整合点 = 16	整合点 = 12	整合点 = 8	整合点 = 16
ln*odi*	0.036 * (1.87)	0.036 * (1.87)	0.036 * (1.87)	−0.006 (−0.56)	−0.006 (−0.56)	−0.006 (−0.56)
ln*rgdp*	1.303 *** (3.31)	1.303 *** (3.31)	1.303 *** (3.31)	0.790 *** (2.77)	0.790 *** (2.77)	0.790 *** (2.77)
ln*rlp*	0.310 * (1.93)	0.310 * (1.93)	0.310 * (1.93)	1.019 *** (7.41)	1.019 *** (7.41)	1.019 *** (7.41)
ln*dis*	−0.259 (−1.33)	−0.259 (−1.33)	−0.259 (−1.33)	−1.262 *** (−4.91)	−1.262 *** (−4.91)	−1.262 *** (−4.91)
fta	−0.113 (−1.11)	−0.113 (−1.11)	−0.113 (−1.11)	−0.047 (−0.93)	−0.047 (−0.93)	−0.047 (−0.93)
时间效应	是	是	是	是	是	是
瓦尔德卡方值	4110.13	4110.13	4110.13	3087.57	3087.57	3087.57
P 值	0.0000	0.0000	0.0000	0.0000	0.0000	0.0000

注：*** 、* 分别表示在 1%、10% 显著性水平下显著，括号内为 t 值。其中，整合点 = 12 表示整合点有 12 个，以此类推。P 值对应的是瓦尔德卡方统计量的 P 值大小。

需要说明的是，原始回归结果中变量的系数蕴含的边际效应表示的是解释变量变化一单位引致的潜变量变化的幅度，但大部分情况下此系数没有明显的经济含义，为了更好地理解模型回归结果，对应前面托宾模型的三种期望，得到其他两种边际效应，结果见表 4 - 2。

表 4 - 2　　　　　　　　出口二元边际的决定因素：边际效应

变量	扩展边际			集约边际		
	边际效应 1	边际效应 2	边际效应 3	边际效应 1	边际效应 2	边际效应 3
lnodi	0.036 * (1.87)	0.034 * (1.87)	0.032 * (1.87)	− 0.006 (− 0.56)	− 0.006 (− 0.56)	− 0.006 (− 0.56)
ln$rgdp$	1.303 *** (3.31)	1.150 *** (2.63)	1.141 *** (3.18)	0.790 *** (2.77)	0.790 *** (2.77)	0.790 *** (2.77)
lnrlp	0.310 * (1.93)	0.274 * (1.76)	0.272 * (1.90)	1.019 *** (7.41)	1.019 *** (7.41)	1.019 *** (7.41)
lndis	− 0.259 (− 1.33)	− 0.229 (− 1.27)	− 0.227 (− 1.32)	− 1.262 *** (− 4.91)	− 1.262 *** (− 4.91)	− 1.262 *** (− 4.91)
fta	− 0.113 (− 1.11)	− 1.003 (− 1.08)	− 0.099 (− 1.11)	− 0.047 (− 0.93)	− 0.047 (− 0.93)	− 0.047 (− 0.93)

注：***、*分别表示在 1%、10% 显著性水平下显著，括号内为 t 值。边际效应 1 对应于式（4 - 20），边际效应对应式（4 - 21），边际效应 3 对应于式（4 - 22）。

由表 4 - 1 可知，在不同整合点情形下，各个变量的系数都是不变的，因此可以认定回归结果是稳健的。结合表 4 - 1 和表 4 - 2 可知，在扩展边际回归结果中，对外直接投资的系数符号为正，且通过了 10% 显著性水平检验，这表明中国对外直接投资对出口扩展边际具有一定的促进作用。在集约边际回归结果中，对外直接投资的系数符号为负，但未通过至少 10% 显著性水平检验，这表明中国对外直接投资可能对出口集约边际具有一定的抑制作用但不明显。目前，国内外学者普遍发现了中国对外直接投资的出口创造效应，表 4 - 1 的回归结果表明，中国对外直接投资的出口创造效应主要体现在对外直接投资通过扩展边际促进出口，即中国对外直接投资能够通过促进新增产品种类出口、催生新出口企业或开拓新的出口市场等渠道促进中国出口。如果一国或地区出口增长主要以扩展边际为主，则该国或地区出口能够更有效地抵御外部冲击，防止贸易条件恶化，提高居民福利。因此，回归结果表明，中国对外直接投资对稳定出口、抵御外部需求冲击、防止贸易条件恶化同样具有重要的作用。

在扩展边际和集约边际回归结果中，东道国国内生产总值和中国国内生产总值比值的系数符号均为正，且都通过了至少1%显著性水平检验，与引力模型的回归结果一致。东道国国内生产总值相对中国国内生产总值越大，表明东道国市场规模越大，越有利于出口扩展边际和集约边际的增长。因此，国外需求因素通过扩展边际和集约边际两种渠道促进中国出口。

东道国劳动生产率与中国劳动生产率比值的系数符号为正，且在扩展边际回归结果中，该系数通过了至少10%显著性水平检验，在集约边际回归结果中，该系数通过了至少1%显著性水平检验。这表明东道国相对中国生产率越高，扩展边际和集约边际的出口越多，这与预期不符。根据新近的企业层面贸易理论，生产率高的企业具有更高的出口倾向，东道国国内企业相对于本国企业生产率越低，本国出口企业数量和出口产品种类越多。中国的情形与基准模型不一致，可能是由于，首先，中国企业出口受到的外在因素影响更大，如出口退税和出口补贴等出口鼓励政策，因此政府的补贴可能弥补企业内部生产率低的缺陷，帮助企业克服出口的可变成本，进而刺激更多企业出口；其次，东道国企业生产率高意味着东道国国内市场规模较大，在国家出口激励政策下，更为广阔的目标市场意味着更多的利润空间，因此东道国国内生产率越高越有利于中国出口扩展边际和集约边际的扩张。

运输成本的系数符号为负，且在扩展边际回归结果中该系数未通过至少10%显著性水平检验，而在集约边际结果中该系数通过了至少1%显著性水平检验，即运输成本越高，中国出口的扩展边际和集约边际规模越小。fta 的系数符号为负，且都未通过至少10%显著性水平检验，这表明两个国家或地区签署自由贸易协定对于扩展边际和集约边际可能存在一定的抑制作用。这可能是由于，在考察期及样本范围内，中国真正建立起来并发挥效力的自由贸易协定较少，大多数自由贸易协定仍处在初级阶段，对于出口二元边际的影响有限，需要更长的时间及更深入的一体化程度才能对二元边际产生一定的影响。

表 4 - 3 汇报了进口二元边际因素决定的回归结果，且在不同整合点情形下，各个变量的系数都是不变的，因此可以认定回归结果是稳健的。由表 4 - 3 可知，对外直接投资的系数符号在扩展边际回归结果中为正且不显著，在集约边际回归结果中为正且通过了至少 10% 显著性水平检验。这表明中国对外直接投资对进口集约边际增长具有一定的促进作用，对扩展边际的促进作用不显著。若一国或地区更多地进口多种产品种类，或者从更多国家进口，能够有效地降低真实进口价格指数，提高本国居民福利，中国对外直接投资引致的进口增长主要沿集约边际，因此中国对外直接投资对降低中国真实进口价格指数、增加国民福利方面影响程度较低。

表 4 - 3　　　　　　　　　进口二元边际的决定因素

变量	扩展边际			集约边际		
	整合点 = 12	整合点 = 8	整合点 = 16	整合点 = 12	整合点 = 8	整合点 = 16
lnodi	0. 017 (0. 24)	0. 017 (0. 24)	0. 017 (0. 24)	0. 106 * (1. 82)	0. 106 * (1. 82)	0. 106 * (1. 82)
ln$rgdp$	1. 679 ** (1. 98)	1. 679 ** (1. 98)	1. 679 ** (1. 98)	1. 640 * (1. 73)	1. 640 * (1. 73)	1. 640 * (1. 73)
lnrlp	0. 951 *** (2. 86)	0. 951 *** (2. 86)	0. 951 *** (2. 86)	1. 058 ** (2. 58)	1. 058 ** (2. 58)	1. 058 ** (2. 58)
lndis	- 0. 327 (- 0. 85)	- 0. 327 (- 0. 85)	- 0. 327 (- 0. 85)	- 1. 119 ** (- 2. 31)	- 1. 119 ** (- 2. 31)	- 1. 119 ** (- 2. 31)
fta	- 0. 063 (- 0. 18)	- 0. 063 (- 0. 18)	- 0. 063 (- 0. 18)	0. 233 (0. 88)	0. 233 (0. 88)	0. 233 (0. 88)
时间效应	是	是	是	是	是	是
瓦尔德卡方值	453. 84	453. 84	453. 84	88. 78	88. 78	88. 78
P 值	0. 0000	0. 0000	0. 0000	0. 0000	0. 0000	0. 0000

注：*** 、** 、* 分别表示在 1% 、5% 、10% 显著性水平下显著，括号内为 t 值。其中，整合点 = 12 表示整合点有 12 个，以此类推。P 值对应的是瓦尔德卡方统计量的 P 值大小。

与出口情形类似，二元边际的原始回归结果的系数无法表达经济含义，因此表4-4给出了进口二元边际因素决定的三种边际效应。其中，边际效应1表示潜变量的边际效应，边际效应2表示未截取部分观测值的边际效应，边际效应3表示全样本观测值的边际效应。结合表4-3和表4-4，可以更好地理解对外直接投资对进口二元边际的影响。

表4-4　　　　　　进口二元边际的决定因素：边际效应

变量	扩展边际			集约边际		
	边际效应1	边际效应2	边际效应3	边际效应1	边际效应2	边际效应3
lnodi	0.017 (0.24)	0.015 (0.24)	0.015 (0.24)	0.106 * (1.82)	0.106 * (1.82)	0.106 * (1.82)
ln$rgdp$	1.679 ** (1.98)	1.478 * (1.91)	1.469 ** (1.98)	1.640 * (1.73)	1.640 * (1.73)	1.640 * (1.73)
lnrlp	0.951 *** (2.86)	0.837 *** (2.66)	0.832 *** (2.86)	1.058 ** (2.58)	1.058 ** (2.58)	1.058 ** (2.58)
lndis	-0.327 (-0.85)	-0.288 (-0.85)	-0.286 (-0.85)	-1.119 ** (-2.31)	-1.119 ** (-2.31)	-1.119 ** (-2.31)
fta	-0.063 (-0.18)	-0.055 (-0.18)	-0.055 (-0.18)	0.233 (0.88)	0.233 (0.88)	0.233 (0.88)

注：*** 、** 、* 分别表示在1%、5%、10%显著性水平下显著，括号内为t值。边际效应1对应于式（4-20），边际效应对应式（4-21），边际效应3对应于式（4-22）。

控制变量的系数符号基本符合预期，其中东道国国内生产总值与中国国内生产总值比值的系数符号为正，且在扩展边际回归结果中通过了至少5%显著性水平检验，在集约边际回归结果中通过了至少10%显著性水平检验，这表明东道国市场规模越大，越有利于进口二元边际特别是扩展边际的增长。因此，国外需求因素通过扩展边际和集约边际两种渠道影响中国进口，这与引力模型的结果一致。

东道国劳动生产率与中国劳动生产率比值的系数符号为正，且在扩展边际回归结果中通过了至少1%显著性水平检验，在集约边际回归结果中通过了至少5%显著性水平检验，这表明东道国国内劳动生产率相比中国越高，越有利于中国进口二元边际特别是扩展边际的增长。根据新近发展的企业层面的贸易理论，生产率高的企业具有更高的出口倾向，因其可以克服出口所需的可变成本和固定成本并获得可观的利润。东道国生产率相比中国越高，则新增出口企业、新增出口产品种类和原有出口产品数量就会随着出口扩张不断增长，中国进口的扩展边际和集约边际相应增加，该变量的系数符号为正。

运输成本的系数符号为负，且在扩展边际回归结果中未通过 10% 显著性水平检验，在集约边际回归结果中通过了至少 5% 显著性水平检验。这表明运输成本对进口集约边际的增长存在一定的抑制作用，但对进口扩展边际的抑制作用不明显。在扩展边际回归结果中，*fta* 的系数符号为负且未通过 10% 显著性水平检验，在集约边际回归结果中，*fta* 的系数符号为正且同样不显著。可能的原因是，中国与各国签署的自由贸易协定数量较少且时间较短，大部分自由贸易区建设仍处于初级阶段，一体化程度较低，因此对进口扩展边际的影响不显著。但一旦建立起自由贸易区，减免或削减关税等措施对于已经存在的贸易关系即集约边际的影响可能更富有成效。

更进一步地，考察中国在不同地区开展直接投资对贸易二元边际的影响。根据联合国开发计划署 2010 年《人文发展报告》关于发达国家（地区）和发展中国家（地区）的划分，首先将样本国家（地区）分为 23 个发达国家（地区）和 46 个发展中国家（地区），然后根据世界银行发展指标数据库的矿石、金属出口占比和燃油出口占比数据并结合过往研究，从样本国家和地区中选取 19 个矿产、石油等资源丰富的国家和地区。因此，将总体样本分为 23 个发达国家（地区），26 个发展中国家（地区）和 19 个资源丰富的国家（地区）。

表 4-5 给出了发达经济体情形出口二元边际的因素决定。在不同整合点情形下，各个变量的系数都是不变的，因此可以认定回归结果是稳健的。表 4-6 汇报了发达经济体情形出口二元边际因素决定的三种边际效应。结合表 4-5 和表 4-6 可知，对于发达经济体情形，中国对外直接投资的系数符号为负且在扩展边际回归结果中不显著，在集约边际回归结果中至少通过了 5% 显著性水平检验。这表明对于发达国家和地区而言，中

国对外直接投资对出口集约边际扩张具有一定抑制作用，对扩展边际的负向影响不显著。东道国国内生产总值与中国国内生产总值比值的系数符号为正，且在扩展边际回归结果中通过了至少1%显著性水平检验，在集约边际回归结果中通过了至少5%显著性水平检验。这表明东道国国内市场规模越大，越有利于中国出口扩展边际和集约边际的增长，并且东道国市场规模对扩展边际的吸引力更强。

表4-5　　　　　出口二元边际的因素决定：发达经济体情形

变量	扩展边际			集约边际		
	整合点 = 12	整合点 = 8	整合点 = 16	整合点 = 12	整合点 = 8	整合点 = 16
lnodi	−0.053 (−1.52)	−0.053 (−1.52)	−0.053 (−1.52)	−0.027 ** (−2.22)	−0.027 ** (−2.22)	−0.027 ** (−2.22)
ln$rgdp$	1.311 *** (2.99)	1.311 *** (2.99)	1.311 *** (2.99)	0.479 ** (2.08)	0.479 ** (2.08)	0.479 ** (2.08)
lnrlp	0.274 (0.45)	0.274 (0.45)	0.274 (0.45)	1.590 *** (5.93)	1.590 *** (5.93)	1.590 *** (5.93)
lndis	−0.071 (−0.24)	−0.071 (−0.24)	−0.071 (−0.24)	−1.247 *** (−3.81)	−1.247 *** (−3.81)	−1.247 *** (−3.81)
fta	−0.160 (−0.85)	−0.160 (−0.85)	−0.160 (−0.85)	−0.153 (−1.37)	−0.153 (−1.37)	−0.153 (−1.37)
时间效应	是	是	是	是	是	是
瓦尔德卡方值	1222.62	1222.62	1222.62	1692.58	1692.58	1692.58
P 值	0.0000	0.0000	0.0000	0.0000	0.0000	0.0000

　　注：***、** 分别表示在1%、5%显著性水平下显著，括号内为t值。其中，整合点 = 12 表示整合点有 12 个，以此类推。P 值对应的是瓦尔德卡方统计量的 P 值大小。

东道国国内劳动生产率与中国劳动生产率比值的系数符号为正，且在扩展边际回归结果中不显著，在集约边际回归结果中通过了至少1%显著性水平检验，这表明中国的劳动生产率越低，扩展边际和集约边际渠道的出口越多，与预期不符。造成这种差异的可能原因是，发达国家相比中国劳动生产率都较高，中国企业在出口补贴政策的鼓励下，易克服较高的出口可变成本和固定成本，纷纷进驻国际市场。同时，发达国家市场规模大，需求强劲，更为广阔的目标市场意味着更多的利润空间，因此发达国家国内生产率越高，越有利于中国出口扩展边际和集约边际的增长。

表4-6　　　出口二元边际因素决定的边际效应：发达经济体情形

变量	扩展边际			集约边际		
	边际效应1	边际效应2	边际效应3	边际效应1	边际效应2	边际效应3
ln*odi*	-0.053 (-1.52)	-0.047 (-1.41)	-0.046 (-1.50)	-0.027** (-2.22)	-0.027** (-2.22)	-0.027** (-2.22)
ln*rgdp*	1.311*** (2.99)	1.158** (2.31)	1.148*** (2.83)	0.479** (2.08)	0.479** (2.08)	0.479** (2.08)
ln*rlp*	0.274 (0.45)	0.242 (0.45)	0.240 (0.45)	1.590*** (5.93)	1.590*** (5.93)	1.590*** (5.93)
ln*dis*	-0.071 (-0.24)	-0.063 (-0.24)	-0.062 (-0.24)	-1.247*** (-3.81)	-1.247*** (-3.81)	-1.247*** (-3.81)
fta	-0.160 (-0.85)	-0.141 (-0.83)	-1.140 (-0.85)	-0.153 (-1.37)	-0.153 (-1.37)	-0.153 (-1.37)

注：***、**分别表示在1%、5%显著性水平下显著，括号内为t值。边际效应1对应于式（4-20），边际效应对应式（4-21），边际效应3对应于式（4-22）。

　　运输成本的系数符号为负，且在扩展边际回归结果中未通过10%显著性水平检验，在集约边际回归结果中通过了至少1%显著性水平检验，这表明运输成本越高，越不利于出口集约边际的增长，但运输成本对扩展边际的抑制作用不明显。*fta*的系数符号为负，且在扩展边际回归结果和集约边际回归结果中未通过显著性检验，这与预期不符。这可能是由于在考察期内及样本范围内，中国真正建立起来并发挥效力的自由贸易协定较少，大多数自由贸易协定仍处在初级阶段，对于出口二元边际的影响有限，需要更长的时间及更深入的一体化程度才能对二元边际产生一定的影响。

　　表4-7给出了发达国家和地区样本进口二元边际的因素决定。在不同整合点情形下，各个变量的系数都是不变的，因此可以认定回归结果是稳健的。表4-8汇报了发达国家和地区样本进口二元边际因素决定的三种边际效应。结合表4-7和表4-8可知，中国对外直接投资的系数符号为正，

且在扩展边际和集约边际回归结果中都不显著，这意味着对于发达国家和地区样本而言，中国对外直接投资对进口二元边际不存在显著的正向影响。

表 4 – 7 进口二元边际的因素决定：发达经济体情形

变量	扩展边际			集约边际		
	整合点 = 12	整合点 = 8	整合点 = 16	整合点 = 12	整合点 = 8	整合点 = 16
ln*odi*	0.014	0.014	0.014	0.017	0.017	0.017
	(0.39)	(0.39)	(0.39)	(1.19)	(1.19)	(1.19)
ln*rgdp*	0.863 **	0.863 **	0.863 **	0.955 ***	0.955 ***	0.955 ***
	(2.49)	(2.49)	(2.49)	(3.63)	(3.63)	(3.63)
ln*rlp*	0.429 *	0.429 *	0.429 *	0.396	0.396	0.396
	(1.83)	(1.83)	(1.83)	(1.27)	(1.27)	(1.27)
ln*dis*	− 0.507	− 0.507	− 0.507	− 1.174 ***	− 1.174 ***	− 1.174 ***
	(− 0.96)	(− 0.96)	(− 0.96)	(− 4.04)	(− 4.04)	(− 4.04)
fta	− 0.023 ***	− 0.023 ***	− 0.023 ***	0.045	0.045	0.045
	(− 3.00)	(− 3.00)	(− 3.00)	(0.22)	(0.22)	(0.22)
时间效应	是	是	是	是	是	是
瓦尔德卡方值	647.82	647.82	647.82	942.14	942.14	942.14
P 值	0.0000	0.0000	0.0000	0.0000	0.0000	0.0000

注：***、**、* 分别表示在1%、5%、10%显著性水平下显著，括号内为t值。其中，整合点 = 12 表示整合点有 12 个，以此类推。P 值对应的是瓦尔德卡方统计量的 P 值大小。

东道国国内生产总值与中国国内生产总值比值的系数符号为正，且在扩展边际回归结果中通过了至少5%显著性水平检验，在集约边际回归结果中通过了至少1%显著性水平检验。这表明东道国经济规模越大，越有利于其对中国出口二元边际的增长，这与传统的引力模型回归结果一致。东道国劳动生产率与中国劳动生产率比值的系数符号为正，且在扩展边际回归结果中通过了10%显著性水平检验，这表明东道国劳动生产率越高，越有利于其对中国出口扩展边际的增长，这与新近发展的企业层面的贸易理论结论一致，即生产率较高的企业具有较高的出口倾向，或出口企业相比只服务于国内市场的企业具有更高的生产效率。因此，东道国企业生产率越高，其新增出口企业和新增出口产品种类越多，即越有利于其出口扩展边际增长。

表 4 – 8　　　　进口二元边际因素决定的边际效应：发达经济体情形

变量	扩展边际			集约边际		
	边际效应1	边际效应2	边际效应3	边际效应1	边际效应2	边际效应3
ln*odi*	0.014 (0.39)	0.013 (0.39)	0.013 (0.39)	0.017 (1.19)	0.017 (1.19)	0.017 (1.19)
ln*rgdp*	0.863 ** (2.49)	0.760 * (1.96)	0.755 ** (2.49)	0.955 *** (3.63)	0.955 *** (3.63)	0.955 *** (3.63)
ln*rlp*	0.429 * (1.83)	0.378 (1.58)	0.376 * (1.83)	0.396 (1.27)	0.396 (1.27)	0.396 (1.27)
ln*dis*	− 0.507 (− 0.96)	− 0.446 (− 0.92)	− 0.444 (− 0.96)	− 1.174 *** (− 4.04)	− 1.174 *** (− 4.04)	− 1.174 *** (− 4.04)
fta	− 0.023 *** (− 3.00)	− 0.020 *** (− 2.99)	0.040 (0.22)	0.045 (0.22)	0.045 (0.22)	0.045 (0.22)

注：***、**、*分别表示在1%、5%、10%显著性水平下显著，括号内为 t 值。边际效应 1 对应于式（4 –20），边际效应对应式（4 –21），边际效应 3 对应于式（4 –22）。

运输成本的系数符号为负，且在集约边际回归结果中通过了至少1%显著性水平检验，这意味着运输成本越高，越不利于中国进口集约边际的增长，但运输成本的抑制作用对于扩展边际而言不显著。在扩展边际回归结果中，*fta* 的系数符号为负且通过了至少1%显著性水平检验，在集约边际回归结果中，*fta* 的系数符号为正且不显著，这表明与他国签署自由贸易协定抑制了中国进口扩展边际增长，但可能会促进中国进口集约边际的增长。造成这种差异的可能原因是，中国与发达国家和地区签署的大部分自由贸易区建设仍处于初级阶段，一体化程度较低，因此对进口扩展边际的影响不显著，但一旦建立起自由贸易区，减免或削减关税等措施对于已经存在的贸易关系即集约边际的影响可能更富有成效。

为了简便起见，下文中有关发展中经济体和资源型国家（地区）进出口二元边际的回归结果，只报告三种边际效应而不给出原始的回归结果。表 4 –9 给出了发展中经济体样本出口二元边际决定因素的三种边际效应。由结果可知，中国对外直接投资的系数符号为正，且在扩展边际回归结果中通过了至少1%显著性水平检验，在集约边际回归结果中通过了至少5%

显著性水平检验，这表明对于发展中经济体而言，中国对其直接投资越多，越有利于中国出口二元边际，特别是扩展边际的增长。东道国国内生产总值与中国国内生产总值比值的系数符号为正，且在集约边际回归结果中通过了至少1%显著性水平检验，在扩展边际回归结果中未通过至少10%显著性水平检验。这意味着东道国国内市场规模越大，越有利于中国出口集约边际的增长，但东道国国内市场规模对中国出口扩展边际的促进作用不显著。

表4−9　　　出口二元边际因素决定的边际效应：发展中经济体情形

变量	扩展边际			集约边际		
	边际效应1	边际效应2	边际效应3	边际效应1	边际效应2	边际效应3
ln*odi*	1.761*** (5.72)	1.616*** (5.73)	1.704*** (5.75)	0.051** (2.55)	0.051** (2.55)	0.051** (2.55)
ln*rgdp*	3.933 (0.37)	3.608 (0.37)	3.805 (0.37)	1.326*** (4.06)	1.326*** (4.06)	1.326*** (4.06)
ln*rlp*	−2.619 (−1.43)	−2.402 (−1.44)	−2.534 (−1.44)	−3.929** (−2.25)	−3.929** (−2.25)	−3.929** (−2.25)
ln*dis*	−7.615*** (−5.78)	−6.986*** (6.36)	−7.367*** (−6.09)	−1.731*** (−3.40)	−1.731*** (−3.40)	−1.731*** (−3.40)
fta	−0.165 (−0.85)	−0.154 (−0.80)	−0.173 (−0.86)	−0.042 (−0.63)	−0.042 (−0.63)	−0.042 (−0.63)

注：***、**分别表示在1%、5%显著性水平下显著，括号内为t值。边际效应1对应于式（4−20），边际效应对应式（4−21），边际效应3对应于式（4−22）。

东道国劳动生产率与中国劳动生产率比值的系数符号为负，且在集约边际回归结果中通过了至少5%显著性水平检验，在扩展边际回归结果中不显著。这表明东道国劳动生产率越高，越不利于中国出口集约边际的增长，此结论与预期相符，但是在发达经济体样本回归结果中，该系数的符号为正。造成这种差异的原因可能是，虽然发达国家劳动生产率普遍高于中国，但在中国政府出口刺激政策激励下，国内企业依然能够克服出口固定成本和可变成本限制，增加出口数量，并且由于发达国家和地区市场规模较大，国内企业出口预期利润丰厚，因此纷纷选择出口。但大部分发展中国家劳动生产率低于或不高于中国，加之发展中国家市场规模不大，虽然有出口补贴和出口退税等刺激性政策，由于出口预期收益不高，大部分企业不愿出口或增加出口规模，因此发展中国家劳动生产率越高，对于中国企业出口的抑制作用越强。运输成本的系数符号为负，且在扩展边际回归结果和集约边际回归结果中都至少通过了 1% 显著性水平检验，这与引力模型的结论一致，即运输成本越高，越不利于中国出口二元边际的增长。

表 4 – 10 给出了发展中国家情形进口二元边际因素决定的三种边际效应。由结果可知，在扩展边际回归结果中，中国对外直接投资的系数符号为正，在集约边际回归结果中中国对外直接投资的系数符号为负，且均未通过至少 10% 显著性检验。这意味着中国对外直接投资对进口扩展边际可能具有促进作用，对集约边际可能具有抑制作用，但影响均不显著。

表 4 – 10　　　进口二元边际因素决定的边际效应：发展中国家情形

变量	扩展边际			集约边际		
	边际效应 1	边际效应 2	边际效应 3	边际效应 1	边际效应 2	边际效应 3
lnodi	0.087 (0.54)	0.077 (0.54)	0.076 (0.54)	−0.099 (−0.89)	−0.099 (−0.89)	−0.099 (−0.89)
ln$rgdp$	14.256*** (3.18)	12.530*** (2.76)	12.474*** (3.18)	14.520*** (2.95)	14.520*** (2.95)	14.520*** (2.95)
lnrlp	0.718 (0.90)	0.631 (0.89)	0.629 (0.90)	0.724 (0.82)	0.724 (0.82)	0.724 (0.82)
lndis	−1.731*** (−2.83)	−1.521** (−2.52)	−1.515*** (−2.83)	−2.129*** (−3.16)	−2.129*** (−3.16)	−2.129*** (−3.16)
fta	−0.924 (−1.59)	−0.812 (−1.53)	−0.808 (−1.59)	0.663* (1.70)	0.663* (1.70)	0.663* (1.70)

注：***、**、* 分别表示在 1%、5%、10% 显著性水平下显著，括号内为 t 值。边际效应 1 对应于式 (4 – 20)，边际效应对应式 (4 – 21)，边际效应 3 对应式 (4 – 22)。

东道国国内生产总值与中国国内生产总值比值的系数符号为正，且在扩展边际回归结果和集约边际回归结果中均通过了至少 1% 显著性水平检验，这意味着东道国国内经济规模越大，越有利于中国进口二元边际的增长。东道国劳动生产率与中国劳动生产率比值的系数符号均为正，且在扩展边际和集约边际回归结果中均不显著，这意味着东道国生产率越高，可能越有利于中国进口二元边际的增长。

运输成本的系数符号为负，且在扩展边际和集约边际回归结果中均通过了至少1%显著性水平检验，这表明中国与东道国之间运输成本越高，越不利于中国进口二元边际的增长。在扩展边际回归结果中，*fta* 的系数符号为负且不显著，在集约边际回归结果中，*fta* 的系数符号为正且通过了至少10%显著性水平检验。造成这种差异的可能原因是，中国与发展中各国的大部分自由贸易区建设仍处于初级阶段，一体化程度较低，因此对进口扩展边际的影响不显著。但一旦建立起自由贸易区，减免或削减关税等措施对于已经存在的贸易关系即集约边际的影响可能是富有成效的。

表4-11给出了资源型国家情形出口二元边际因素决定的三种边际效应。在扩展边际回归结果中，中国对外直接投资的系数符号为正，且通过了至少1%显著性水平检验。在集约边际回归结果中，中国对外直接投资的系数符号为负，且通过了至少5%显著性水平检验。这意味着，中国对外直接投资对出口扩展边际增长具有显著的促进作用，但对出口集约边际的增长具有显著的抑制作用。

表4-11　　　出口二元边际因素决定的边际效应：资源型国家情形

变量	扩展边际			集约边际		
	边际效应1	边际效应2	边际效应3	边际效应1	边际效应2	边际效应3
ln*odi*	0.127 *** (3.12)	0.112 ** (1.98)	0.111 *** (3.11)	-0.063 ** (-2.24)	-0.063 ** (-2.24)	-0.063 ** (-2.24)
ln*rgdp*	1.476 (0.93)	1.300 (0.88)	1.292 (0.93)	3.496 ** (2.07)	3.496 ** (2.07)	3.496 ** (2.07)
ln*rlp*	0.420 (1.55)	0.369 (1.32)	0.367 (1.55)	0.188 (0.47)	0.188 (0.47)	0.188 (0.47)
ln*dis*	-0.572 * (-1.89)	-0.504 (-1.52)	-0.501 * (-1.89)	-0.419 (-0.54)	-0.419 (-0.54)	-0.419 (-0.54)
fta	0.126 (0.60)	0.111 (0.59)	0.111 (0.60)	0.077 (0.51)	0.077 (0.51)	0.077 (0.51)

注：***、**、*分别表示在1%、5%、10%显著性水平下显著，括号内为t值。边际效应1对应于式（4-20），边际效应对应式（4-21），边际效应3对应于式（4-22）。

东道国国内生产总值与中国国内生产总值比值的系数符号为正，且在集约边际回归结果中通过了至少5%显著性水平检验，这意味着东道国国内市场规模越大，越有利于中国出口集约边际的增长。东道国国内生产率与中国劳动生产率比值的系数符号为正，且在扩展边际回归结果和集约边际回归结果中均不显著。中国对资源丰富类国家出口看重的是当地的市场规模，加之中国长期奉行的出口激励政策，因此即使东道国劳动生产率较高，中国企业仍具有较强的出口动机。运输成本的系数符号为负，且在扩展边际回归结果中通过了至少 10% 显著性水平检验，但在集约边际回归结果中未通过至少 10% 显著性水平检验。fta 的系数符号为正但在扩展边际和集约边际回归结果中均未不显著。

表 4 – 12 给出了资源型国家情形进口二元边际因素决定的三种边际效应。在扩展边际回归结果中，中国对外直接投资的系数符号为正且不显著，在集约边际回归结果中，中国对外直接投资的系数符号为正且通过了至少 5% 显著性水平检验。这意味着中国对外直接投资对进口集约边际的增长具有显著的促进作用。东道国国内生产总值与中国国内生产总值比值的系数符号为正，且在扩展边际和集约边际回归结果中均不显著。东道国生产率与中国劳动生产率比值的系数与此类似。运输成本的系数符号为负，且在扩展边际和集约边际回归结果中均不显著。

表 4 – 12　　　　进口二元边际因素决定的边际效应：资源型国家情形

变量	扩展边际			集约边际		
	边际效应 1	边际效应 2	边际效应 3	边际效应 1	边际效应 2	边际效应 3
$lnodi$	0.153 (0.80)	0.134 (0.78)	0.134 (0.80)	0.339 ** (2.14)	0.339 ** (2.14)	0.339 ** (2.14)
$lnrgdp$	9.327 (1.51)	8.209 (1.39)	8.161 (1.51)	7.035 (0.98)	7.035 (0.98)	7.035 (0.98)
$lnrlp$	0.999 (0.93)	0.879 (0.90)	0.874 (0.93)	0.242 (0.19)	0.242 (0.19)	0.242 (0.19)
$lndis$	− 0.458 (− 0.42)	− 0.403 (− 0.42)	− 0.401 (− 0.42)	− 1.209 (− 0.80)	− 1.209 (− 0.80)	− 1.209 (− 0.80)
fta	0.772 (0.82)	0.680 (0.80)	0.676 (0.82)	0.475 (0.54)	0.475 (0.54)	0.475 (0.54)

注：** 表示在 5% 显著性水平下显著，括号内为 t 值。边际效应 1 对应于式（4 – 20），边际效应对应式（4 – 21），边际效应 3 对应式（4 – 22）。

4.5 小结

本章基于 2003～2020 年中国对 68 个国家和地区的直接投资数据和双边贸易数据，考察了中国对外直接投资对出口和进口二元边际的影响，研究结果如下。

中国对外直接投资对于出口扩展边际具有一定的促进作用，中国对外直接投资可能对出口集约边际具有一定的抑制作用但不明显。这意味着中国对外直接投资的出口创造效应主要体现在对外直接投资通过扩展边际促进出口，即中国对外直接投资能够通过促进新增产品种类出口、催生新出口企业和开拓新的出口市场等渠道促进中国出口。如果一国或地区出口增长主要以扩展边际为主，则该国或地区出口能够更有效地抵御外部冲击，防止贸易条件恶化，提高居民福利，因此，本章的回归结果表明中国对外直接投资对稳定出口、抵御外部需求冲击、防止贸易条件恶化等方面同样具有重要的作用。中国对外直接投资对进口集约边际增长具有一定的促进作用，对扩展边际的促进作用不显著。

分地区回归发现：对于发达国家和地区而言，中国对外直接投资对出口集约边际扩张具有一定抑制作用，此负向影响对扩展边际而言不显著，中国对外直接投资对进口二元边际的正向影响不显著；对发展中经济体而言，中国对其直接投资越多，越有利于中国出口二元边际，特别是扩展边际的增长，中国对外直接投资对进口扩展边际的影响为正但不显著，对集约边际的影响为负但同样不显著；对资源型国家和地区而言，中国对外直接投资对出口扩展边际增长具有显著的促进作用，但对出口集约边际的增长具有显著的抑制作用，中国对外直接投资对进口集约边际的增长具有显著的促进作用。

第 5 章 中国对外直接投资的贸易结构效应

5.1 问题的提出

目前，外部需求继续恶化，中美竞争常态化，在激进加息策略下美欧经济存在衰退风险，加之以互联网技术和 3D 打印技术引领的新型产业革命促使美国制造业回流，这些都导致了中国面临的国际市场日益萎缩。在此大背景下，对外贸易继续保持高速增长的可能性不大，当务之急和面临的挑战是如何保持贸易流量稳定的同时调整贸易结构，增强贸易竞争力，为国内经济转型提供充足的资金支持和技术支撑。与此同时，对外直接投资作为新型对外开放形式，在进出口、吸引外商投资等中国传统对外开放渠道受限的情况下增长迅速，遍布全球众多国家和地区。因此，我们不禁要问，对外直接投资会对贸易结构产生什么样的影响？但目前学者对贸易结构的研究大都未涉及对外直接投资，更多的是围绕以下两个方面。

第一，贸易结构的测度。①更多的研究主要从技术密集度和要素密集度两方面对产品进行分类进而刻画贸易结构。由于各个国家具体产品所使用的劳动和资本的资料不尽翔实，因此从要素角度区分产品类别难度较大，并且随着国际交通和传输技术的发展，要素在国际间的流动性加强，产品生产要素差异性的重要程度不断减弱，技术差异的重要性日益凸显。因此，更多的学者从技术密集度视角对贸易品分类。代表性的有方法有：拉奥（Lall，2000）在帕维特（Pavitt，1984）的分类方法基础上，将SIT-CRev.2三位编码的产品按照技术标准分为五类。②关志雄（2002）在高收入国家越是集中出口某种产品，则该产品拥有更高的技术水平的隐含假定下，计算得到每种产品的附加值，即技术水平，然后分别以附加值和地区出口份额为横轴和纵轴，构建技术分布图以表征该地区的出口结构。在此基础上，樊纲、关志雄和姚枝仲（2006）通过为该方法夯实理论基础，消除计算误差以及扩充分布图的分布形态等举措不断完善该指标。

第二，外商直接投资和汇率对贸易结构的影响。龚艳萍和周维（2006）、李真等（2009）考察了外商直接投资对中国贸易结构的影响。顾国达等（2007）、冯正强（2007）研究了汇率对中国贸易结构的影响。

迄今，有关对外直接投资与贸易结构的文献也主要是从整体角度出发研究二者的关系，且多采用时间序列数据③，缺乏中国对外直接投资对贸易结构影响的深入研究。本章采用面板数据模型，基于中国的对外直接投资数据和制成品贸易数据，重点考察了对外直接投资对制成品贸易结构的影响。

① 王燕飞、蒲勇健（2009）、孙晓华、王昀（2013）等文献中使用该方法。
② 魏浩、毛日晟和张二震（2005），杨汝岱、朱诗娥（2008），魏浩、王露西和李翀（2011）等文献都是依照此方法分别研究中国制成品出口结构和对外贸易结构。
③ 代表性文献有：隋月红（2010）。

5.2　机理分析

本章结合对外直接投资动机来阐释对外直接投资的贸易结构效应。根据投资动机的不同，可以将对外直接投资分为海外市场寻求型、战略资源寻求型、无形资产寻求型和效率寻求型。不同动机的对外直接投资分布在不同经济发展水平、资源禀赋和技术水平的国家和地区，因此不同区位分布的对外直接投资所产生的贸易结构效应不尽相同。具体机制如图5-1所示。

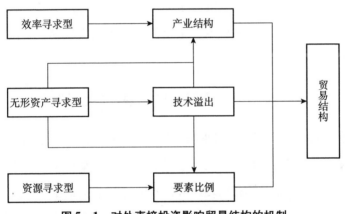

图5-1　对外直接投资影响贸易结构的机制

5.2.1　通过作用于母国产业结构进而影响贸易结构

效率型对外直接投资是将即将或业已丧失比较优势的边际产业的生产转移到新兴经济体或发展中经济体，减少国内过剩产能的同时发挥东道国的比较优势，同时实现国内产业结构调整的目的。母国将国内即将或业已丧失比较优势的产业转移到其他国家或地区生产，可以为国内具有比较优势的产业或新兴产业提供必要的成长空间，更多自由流动的要素可以投入到新兴产业或比较优势产业的生产中，提高产业成熟度，壮大产业规模。国内产业结构调整必然引致贸易结构的变化。产业是贸易之源，长期来看，一国具有怎样的产业结构就有怎样的贸易结构，产业结构的调整决定了贸易结构的变化。效率型对外直接投资通过作用于产业结构进而影响贸易结构的另一个重要渠道是效率型对外直接投资能够为产业结构和贸易结构调整提供一定的资金支持。母国凭借其相对技术优势在海外投资设厂并取得丰厚利润，进而为母国国内培育新产业、新技术和人才提供资金支持，保障母国产业结构顺利调整。

无形资产寻求型对外直接投资能够充分利用当地丰富的人力资本，学习先进技术和管理经验，解决生产中存在的技术瓶颈，提升母国整体技术水平，加快产业结构调整的步伐。另外，无形资产寻求型对外直接投资引致的母国技术提升，能够增加原有出口产品的技术含量和附加值，因此，随着产品蕴含的技术水平和资本含量由低端向中高端移动，一国贸易结构必然会改变。

5.2.2 通过作用于要素投入结构进而影响贸易结构

古典贸易理论认为，国家间生产要素禀赋的差异决定了国际分工及贸易构成。如果一国相比其他国家或地区更多地持有某种要素，则该国在密集使用该要素的产业上具有比较优势，该国将主要出口密集使用该要素的产品。战略资源寻求型对外直接投资主要目的是获取东道国丰富的矿产和能源。一方面，此类投资带动母国资源类产品进口，缓解国内生产的资源约束，为经济发展提供必要条件。另一方面，大量资源类产品进口引起国内要素比例变化，可能会助长母国粗放式经济发展模式，造成母国企业缺乏改进资源利用效率和提升生产技术的动力，进而影响母国贸易结构的升级。

无形资产寻求型对外直接投资一方面带动了母国相关生产设备、中间产品和原材料的出口，另一方面在海外投资设厂将蕴含国内先进技术、人力资本的产品和国外先进技术作为新要素带入国内，可能会导致国内生产要素投入比例的变化，进而改变产品的技术含量和附加值，长期来看，甚

116

至可能引致生产结构的变化，这必然会影响贸易结构的变化。

5.2.3　对外直接投资的技术溢出引致贸易结构变化

发展中国家对外直接投资可能存在逆向技术溢出效应，通过学习然后消化吸收国外先进技术，提升国内技术水平，进而不断调整贸易结构。对外直接投资作为除进口、外商直接投资以外的第三种国际技术扩散渠道，其在促进发展中国家技术进步方面发挥着日益重要的作用。发展中国家的企业通过在国外研究和开发密集地区投资设厂，利用当地高水平的基础设施和高素质劳动力，依托当地高水平的研发平台，不断提升自身技术水平，并反馈到本国，产生技术外溢，进而提升本国整体技术水平。这一方面有利于提升本国产品的技术含量，改善贸易结构；另一方面，有助于优化本国产业结构，进而改善本国贸易结构。相比其他动机的对外直接投资，无形资产寻求型对外直接投资在引进国外先进技术、提升本国技术水平和创新能力方面扮演着更为重要的角色。

5.3　产品分类方法

本章主要参照拉奥（Lall，2000）的分类方法，依据产品所属产业的研发活动及该学者对产业技术水平的认知，将所有产品划归到五种技术类别门下。拉奥所使用的原始数据是 SITC 第 2 版 3 位数编码细分数据，其涵盖了每年超过 200 个国家和地区的双边细分种类商品贸易数据，但此数据将不同技术复杂度水平的产品划归到同一类别中，不能作为产品技术分类的依据。例如，通讯装置项既包括高技术复杂度的移动电话，也包括简易的塑料电讯接收装置，即此数据在给定的类别内部未区分产品的技术和品质差异。另外，此数据未区分同一产品不同生产工序的地区分布差异，例如，苹果电脑的生产过程既包括在日本的高技术水平芯片的生产阶段，也包括在越南的低水平加工装配阶段。为克服此数据存在的缺陷，拉奥通过对各种细分产品蕴含的技术水平的深入研究，将具有相同技术水平和复杂度的产品重新分类。

在此之前一个重要的分类方法是由帕维特（Pavitt，1984）提出，他将产品分为资源型、劳动密集型、规模密集型和科技型产品，但这种分类方法可操作性不强，并且产品组别之间具有大量的重叠部分。经济合作组织（OECD，1994）根据产品的技术水平提出了一种更加细致的产品分类方法。拉奥（Lall，2000）融合并扩展了上述两种分类方法，同时考虑到产品组别之间的重叠，将制成品分为五个类别。详细说明见表 5 - 1。

表 5 - 1 产品分类

类别	举例说明
初级产品（PP）	鲜果、稻米、茶叶、木材、原油和天然气等
资源型产品（RB）	
基于农林型产品（RB1）	即食肉类和水果、饮料和植物油等
其他资源型产品（RB2）	铁矿石、动物油脂、无机化学品、玻璃制品等
低技术水平产品（LT）	
纺织、时装类产品（LT1）	皮革制品、纺织品、鞋类、地板覆盖物等
其他低技术水平产品（LT2）	玻璃器具类、陶器、钢轨、乐器等
中等技术水平产品（MT）	
自动化产品（MT1）	乘用车辆、其他道路机动车辆等
中等技术水平加工品（MT2）	合成纤维、羧酸、生铁、铁路车辆等
中等技术水平机械制造品（MT3）	蒸汽锅炉及其辅助设备、纺织和皮革机械等
高技术水平产品（HT）	
电子与电气产品（HT1）	电力设施、办公设备、晶体管等
其他高技术水平产品（HT2）	放射性物质、药品、航空器、光学设备等

资料来源：分类方法参照 Lall（2000）。

初级产品指的是因其天然属性未经加工或简单加工的产品，主要是农林牧副渔类产品，多为直接消费产品或工业原料。此类产品是欠发达国家的主要出口商品，其生产和加工过程技术含量较低，如鲜水果、肉类、大米、可可、茶叶、咖啡、木材、原油和天然气等。

资源型产品大多为劳动密集型,但其中也有部分产品(如石油精炼)的生产密集使用资本和技术。由于此类产品多基于当地资源类原始产品加工而来,因此大多数此类产品的竞争优势来源于当地的资源禀赋状况。资源类产品又可细分为基于农林型产品(RB1)和其他资源类产品(RB2)。

低技术水平产品的生产多采用成熟度较高、易扩散的技术,这类技术相对简单且体现在生产产品所需的固定设备中。多数贸易品是无差异的且以价格竞争为主,因此劳动力成本差异成为此类产品竞争力的主要决定因素。由于产品是无差异的,规模经济和进入壁垒非常低,终端市场需求增长缓慢,收入弹性小于1。有部分低技术水平产品由于嵌入到全球价值链中,其生产工序包含品牌、产品设计等高技术水平环节,但其技术水平仍然低于中等或高等技术水平类产品,并且此类产品的主要出口国是以价格竞争而非质量竞争为主要手段的发展中国家。低技术水平产品又可分为纺织、时装类产品(LT1)和其他产品(LT2),前者的生产区位分布普遍经历了从发达国家转移到发展中国家的历程,但是高端的设计和研发环节仍留在发达国家内部,只是低端的装配等劳动密集型环节转移到了发展中经济体。

中等技术水平产品是成熟市场经济体的核心产品,主要包括技术密集型的中间产品和资本品。此类产品的生产需要复杂的技术、适度的研发投入、高端技能和冗长的学习时间。特殊的是,其中的工程机械类和自动化类设备需要主体之间的密切联动,只有企业经过长期相互交流协作才能达到高效实用的技术效率。中等技术水平产品主要分为三类:自动化产品(MT1)、中等技术水平加工品(MT2)和中等技术水平机械制造品(MT3)。自动化类产品贸易能够为东亚和拉美地区的新型工业化国家带来较大利益。中等技术水平加工品主要包括化学制品和基本金属,此类产品差异度不高,为了达到最优,生产过程中需要大规模的辅助设备和一定的技术实力以提升设备性能。中等技术水平机械制造品的生产注重研发环节,需要大量的装配、生产企业和以中小规模企业为主要节点构成的供应网络。由于其高技术特征,该行业进入壁垒较高。因其产品不便于运输及生产标准较高，因此劳动密集型生产工序转移到低工资国家或地区的现象存在但并不普遍。

高技术水平产品的生产较为注重设计环节，生产技术水平高且发展迅速，生产过程需要较高水平的研发投入。最高端的技术需要先进的基础设施、高水平技能和产学研密切协作。尽管如此，仍有部分产品，如电气设备类产品，拥有劳动密集型的装配工序，可凭借全球网络将此类低技术含量类生产工序转移到低工资国家以降低生产成本。这些产品的生产依托跨国公司构建的全球一体化生产网络，将各种不同要素密集度的生产工序按照成本原则分布在不同的国家和地区。高技术水平产品分为电子与电气产品（HT1）及其他高技术水平产品（HT2）。

5.4 中国制成品进出口结构

根据前面分类方法对制成品分类并对其历史演进进行统计性描述和分析。表5-2给出了2003~2020年中国出口的产品结构变化。由表5-2可知，2017年（不含）前，低技术水平产品（LT）是中国出口比重最大的产品类别，但其比重总体呈震荡下降态势；2017年（含）后，高技术水平产品（HT）成为中国出口比重最大的产品类别，且领先优势不断扩大，2020年其比重较排名第二的低技术水平产品高7.79个百分点，领先幅度较上年提高0.95个百分点。从细分类别看，电子和电气产品（HT1）始终是最主要的高技术水平出口产品，占全部高技术水平产品出口的88%及以上，该类别产品的出口比重总体呈上升态势，尤其是2014年以后，其比重加速上行，2020年电子和电气产品占全部出口的比重为31.49%，居细分产品类别之首。纺织、时装类产品（LT1）在2012年以前是最主要的低技术水平出口产品，但由于其比重持续下降，由2003年的21.55%降至2020年的12.76%，地位逐渐被玻璃器具、陶器等其他低技术水平产品所取代。

表 5 - 2　　　　　　　　　中国出口结构（2003～2020 年）　　　　　　　单位:%

类别	2003 年	2004 年	2005 年	2006 年	2007 年	2008 年	2009 年	2010 年	2011 年
PP	5.50	4.72	4.39	4.23	3.61	3.45	3.39	3.31	3.38
RB	8.09	8.17	8.36	8.09	8.07	8.69	7.96	8.10	8.64
RB1	3.35	3.25	3.30	3.40	3.36	3.07	3.17	3.10	3.39
RB2	4.74	4.92	5.05	4.69	4.71	5.62	4.79	4.99	5.25
LT	35.38	32.68	31.68	31.43	31.15	30.67	30.27	29.46	30.47
LT1	21.55	19.02	17.99	17.53	16.52	15.46	16.69	15.89	15.85
LT2	13.83	13.66	13.69	13.91	14.63	15.20	13.58	13.56	14.62
MT	20.53	21.78	22.15	22.34	23.40	24.77	23.65	24.08	24.56
MT1	1.61	1.76	1.92	2.06	2.40	2.52	2.12	2.23	2.39
MT2	4.93	5.91	5.82	5.63	6.02	5.99	4.41	5.22	5.83
MT3	13.99	14.11	14.41	14.65	14.98	16.26	17.13	16.63	16.34
HT	30.50	32.65	33.42	33.90	33.77	32.42	34.73	35.06	32.95
HT1	28.26	30.16	30.71	31.28	30.83	29.40	31.47	31.75	29.72
HT2	2.25	2.48	2.71	2.62	2.94	3.02	3.25	3.31	3.24
类别	2012 年	2013 年	2014 年	2015 年	2016 年	2017 年	2018 年	2019 年	2020 年
PP	3.08	2.97	3.02	2.99	3.19	3.02	2.92	2.90	2.66
RB	8.27	8.33	8.38	8.03	8.20	8.54	9.12	8.97	7.93
RB1	3.33	3.28	3.25	3.17	3.38	3.39	3.32	3.25	2.99
RB2	4.94	5.05	5.13	4.85	4.82	5.15	5.80	5.72	4.93
LT	31.52	31.71	32.57	31.73	31.12	28.52	27.42	27.73	27.93
LT1	15.32	15.72	15.58	15.31	15.18	13.94	12.93	12.65	12.76
LT2	16.21	15.99	16.99	16.41	15.94	14.58	14.49	15.08	15.17
MT	24.01	23.32	23.91	24.54	24.69	25.13	25.50	25.83	25.77
MT1	2.48	2.44	2.53	2.53	2.65	3.90	3.89	4.12	4.16
MT2	5.23	5.01	5.39	5.35	5.13	5.61	5.86	5.51	5.16
MT3	16.30	15.87	15.99	16.66	16.91	15.62	15.75	16.20	16.45
HT	33.11	33.68	32.13	32.71	32.80	34.78	35.04	34.57	35.72
HT1	29.76	30.51	29.16	29.68	29.74	30.56	31.13	30.63	31.49
HT2	3.36	3.17	2.96	3.03	3.06	4.22	3.92	3.94	4.23

资料来源：原始数据来源于 UN Comtrade 数据库，比重系计算得到。

出口占比排名第三的是中等技术水平产品，并且从历史走势看其比重不断上升，2003 年比重为 20.53%，2020 年该比重上升至 25.77%，较同期排名首位的高技术水平产品、排名第二的低技术水平产品分别低 9.94 个和 2.15 个百分点。从细分类别看，机械制造品（MT3）是主要的中等技术出口产品，其占比远高于自动化产品（MT1）、中等技术水平加工品（MT2），从历史走势看，三者的比重均呈现上升态势。初级产品（PP）所占比重一直在下降，由2003年的5.50%降至2020年2.66%。资源类产品（RB）所占比重稳中有降，2015年之前基本围绕8.20%的水平值上下波动，2015~2018年该比重快速提高（2018年为9.12%，创历史新高），但随后大幅下探至2020年的7.93%，是2003年以来的最低值。其中，其他资源型产品（RB2）所占比重一直高于基于农林型产品（RB1），且历史走势基本主导了资源型产品所占比重的走势。

根据同样的分类方法，对2003~2020年中国的进口制成品比重进行统计性描述，计算得到表5-3。由表5-3可知，2020年高技术水平产品（HT）、初级产品（PP）、中等技术水平产品（MT）占据中国全部进口产品类别的前三位。从历史走势看，除个别年份之外（2011年、2012年），高技术水平产品始终是中国最主要的进口产品，其占全部进口的比重经历了先下降后回升的历程，2020年比重为30.69%，基本与2003年相当。其中，电子和电气产品（HT1）进口占高技术水平产品进口的80.31%，占中国全部进口的24.64%，是最主要的进口细分产品类别，其占全部进口的比重同样先下降后回升。初级产品（PP）进口占比总体呈上升态势，2003~2012年持续抬升，由2003年的12.46%上升至2012年的26.53%（观察期内最高值），而后有所回落，至2020年为23.39%。

表5-3　　　　　　　　中国进口结构（2003~2020年）　　　　单位:%

类别	2003年	2004年	2005年	2006年	2007年	2008年	2009年	2010年	2011年
PP	12.46	14.39	15.75	17.11	17.64	21.33	20.30	21.66	24.07
RB	13.46	15.17	15.75	16.20	18.41	20.96	19.68	20.62	22.47
RB1	4.89	4.48	4.02	3.99	4.30	4.34	4.34	4.27	4.56
RB2	8.57	10.69	11.73	12.21	14.11	16.62	15.34	16.35	17.91
LT	9.73	8.11	7.75	6.55	6.16	5.58	5.59	5.04	4.69
LT1	3.50	2.87	2.53	2.27	1.98	1.67	1.69	1.54	1.47
LT2	6.23	5.24	5.22	4.28	4.18	3.91	3.90	3.50	3.22
MT	32.12	30.34	27.99	26.82	25.99	24.45	26.21	25.76	25.04

续表

类别	2003 年	2004 年	2005 年	2006 年	2007 年	2008 年	2009 年	2010 年	2011 年
MT1	3.03	2.49	2.01	2.36	2.53	2.58	3.08	3.88	4.15
MT2	12.73	11.88	11.85	10.62	10.21	9.13	10.19	9.07	8.50
MT3	16.35	15.96	14.12	13.84	13.25	12.73	12.94	12.81	12.40
HT	32.23	31.99	32.77	33.31	31.80	27.68	28.23	26.91	23.73
HT1	25.53	24.58	25.26	25.45	24.28	20.70	21.10	19.94	17.44
HT2	6.70	7.41	7.51	7.86	7.52	6.98	7.13	6.97	6.29
PP	2012 年	2013 年	2014 年	2015 年	2016 年	2017 年	2018 年	2019 年	2020 年
RB	26.53	25.63	25.47	21.81	20.98	22.43	25.04	25.92	23.39
RB1	20.89	21.42	21.05	18.71	18.79	20.14	19.12	19.62	19.84
RB2	4.46	4.36	4.38	4.86	4.96	5.29	4.97	4.64	4.66
LT	16.43	17.06	16.67	13.85	13.83	14.86	14.15	14.98	15.18
LT1	4.53	4.45	4.60	5.25	5.18	4.86	4.47	4.47	4.35
LT2	1.57	1.67	1.68	2.01	1.94	1.85	1.71	1.71	1.67
MT	2.96	2.77	2.92	3.23	3.24	3.00	2.76	2.76	2.68
MT1	23.18	21.97	22.96	23.78	24.09	22.95	22.22	21.42	21.73
MT2	4.38	4.39	5.16	4.79	5.16	4.94	4.38	4.09	3.97
MT3	7.89	7.49	7.41	7.87	7.70	7.69	7.61	7.63	8.30
HT	10.91	10.09	10.39	11.12	11.23	10.32	10.22	9.69	9.47
HT1	24.87	26.52	25.92	30.46	30.97	29.62	29.15	28.57	30.69
HT2	18.22	19.73	18.91	22.51	23.06	22.16	22.13	22.02	24.64

资料来源：原始数据来源于 UN Comtrade 数据库，比重系计算得到。

中等技术水平产品（MT）占全部进口的比重总体呈下降态势，由2003年的峰值32.13%，震荡下行至2020年的21.73%，为观察期内的次低值。其中，中等技术水平加工品（MT2）和机械制造品（MT3）进口构成中等技术水平产品进口的80%及以上，二者占全部进口的比重同样呈下降态势，分别由12.73%、16.35%下降至8.30%和9.47%。与此对应，自动化产品（MT1）占全部进口的比重略有提高，由2003年的3.03%上升至2020年的3.97%。资源类产品（RB）为中国第四大进口产品类别，以2011年为分割线，其占全部进口的比重先上升后下降，由2003年的13.46%上升至2011年的22.47%（观察期内的最大值），随后不断下降至2020年的19.84%。其中，其他类资源型产品（RB2）是构成资源型产品

（RB）的主要产品类别，2020年占全部进口的比重为15.18%。低技术水平产品（LT）是中国进口量最少的产品类别，而且其占全部进口的比重不断下降，由2003年的9.73%降至2020年的4.35%，其中，纺织、时装类产品（LT1）进口构成低技术水平产品（LT）进口的近四成，其他低技术水平产品进口占六成，二者占全部进口的比重均大幅下降，分别由2003年的3.50%和6.23%下降至2020年的1.67%和2.68%。

由表5-2和表5-3可知，总体上，中国的制成品出口结构朝着不断优化的方向变动，中等技术水平产品和高技术水平产品出口占中国全部出口的比重由2003年的51.04%提高至2020年的61.49%。与此相反，制成品进口结构并未明显优化，中等技术水平产品和高技术水平产品进口占中国全部进口的比重由2003年的64.35%下降至2020年的52.42%。尤其值得关注的是，初级产品进口占全部进口的比重大幅提高，由2003年的12.46%上升至2020年的23.39%。进口扩张或进口产品质量的提升，不仅有利于提高国民福利，还可能带来知识溢出或技术溢出效应，通过解构、模仿国外高质量产品，推动本国技术水平和效率提升，出口结构和进口结构的反向变化，反映出中国长期偏重出口忽视进口的贸易不平衡战略。

更进一步地，刻画中国与主要贸易伙伴国或地区的分产品种类的贸易流量，选取的主要伙伴国和地区是欧盟27国、美国和韩日等。图5-2展示了中国对欧盟出口的不同技术水平产品所占的百分比。由图5-2可知，高技术水平产品（HT）所占比重最大，这与中国向世界出口的情形类似，从走势看，高技术水平产品（HT）所占比重先升后降，基本维持在35%左右。低技术水平产品（LT）所占比重仅次于高技术水平产品，比重总体有所上升，但基本围绕32%水平上下浮动。中等技术水平产品出口占全部出口的比重排第三位，从走势看该比重稳步提升，由2003年的22.12%上升至2020年的25.11%。资源型产品（RB）和初级产品（PP）出口量较少，相较于其他产品类别，二者占全部出口的比重较小。其中，资源型产品（RB）出口占比稳中有降，这主要与其他资源型产品（RB2）出口大幅减少有关。初级产品（PP）出口量最少，且占全部出口的比重不断下降，由2003年的2.86%降至2020年的1.84%。

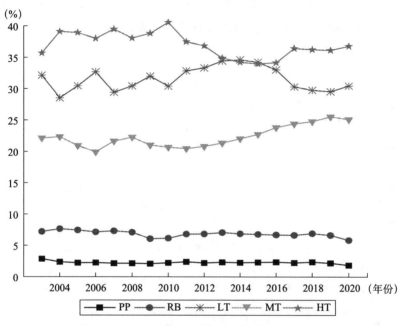

图5-2 中国对欧盟出口结构（2003~2020年）

资料来源：原始数据来源于UN Comtrade数据库，比重系计算得到。

图5-3给出了中国从欧盟进口产品构成。由图5-3可知，中等技术水平产品（MT）是中国从欧盟进口的主要产品，该产品占中国从欧盟全部进口的比重排名首位，但呈不断下降态势，由2003年的56.38%降至2020年的43.37%。高技术水平产品（HT）是中国从欧盟进口的第二大产品类别，该产品占中国从欧盟全部进口的比重排名次席，其所占比重先升后降，总体上有所上升，由2003年的22.73%上升至2020年的27.03%。资源型产品（RB）是中国从欧盟进口的第三大产品类别，2003~2011年该产品占比不断提高，2011年为15.24%（观察期内最大值），随后有所下降，2020年为12.38%。低技术水平产品（LT）进口占比稳步提升，但增速较慢，由2003年的8.39%上升至2020年的9.75%。资源型产品

（RB）是中国从欧盟进口量最少的产品类别，但近些年增长迅速，占从欧盟进口的比重由 2018 年的 4. 16%，攀升至 2020 年的 7. 48%，两年时间累计提高 3. 32 个百分点。对比图 5 - 2 和图 5 - 3 可知，以欧盟作为贸易对象来看，中国的出口结构正朝着不断优化的方向迈进，但进口结构的方向相反，这与中国制成品整体进出口结构的演变趋势相同。

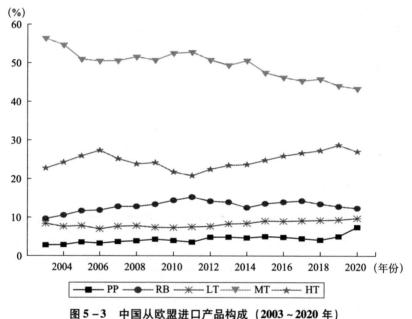

图 5 - 3　中国从欧盟进口产品构成（2003 ~ 2020 年）

资料来源：原始数据来源于 UN Comtrade 数据库，比重系计算得到。

图 5 - 4 绘制了中国向美国出口产品构成的动态变化。由图 5 - 4 可知，低技术水平产品（LT）和高技术水平产品（HT）交替成为中国向美国出口最大的产品类别，在 2006 年（含）之前，低技术水平产品出口占比在 36% 以上，排名首位，2006 ~ 2016 年，低技术水平产品和高技术水平产品的出口占比基本相当，但 2016 年之后，高技术水平产品取代低技术水平产品成为中国向美国出口的比重最大的产品类别，2020 年高技术水平产品占中国向美国全部出口的比重为 37. 05%，较排名第二位的低技术水平产品高 2. 50 个百分点。与欧盟情况类似，中国向美国出口的第三大类产品是中

等技术水平产品（MT），且近年来该产品出口占中国对美出口的比重稳步提升，2020 年达到 23.19%。资源型产品（RB）和初级产品（PP）出口量较少，而且出口占比总体呈下降态势，分别由 2003 年的 4.99% 和 1.71% 下降至 2020 年的 4.34% 和 0.87%。

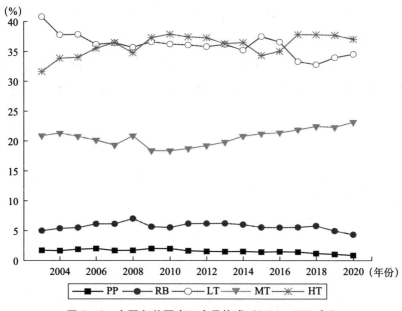

图 5 - 4　中国向美国出口产品构成（2003～2020 年）

资料来源：原始数据来源于 UN Comtrade 数据库，比重系计算得到。

图 5 - 5 绘制了中国从美国进口产品构成的动态变化。由图 5 - 5 可知，中等技术水平产品（MT）和高技术水平产品（HT）是中国从美国进口的最主要的两大产品类别，但由于美国出口限制政策，2020 年二者进口占中国从美国进口的比重均有所下降，其中中等技术水平产品所占的比重为 32.18%，较上年下降 3.05 个百分点，高技术水平产品所占的比重为 28.53%，较上年下降 4.65 个百分点。从历史走势看，中等技术水平产品所占比重基本稳定，围绕 31% 水平值上下波动，而高技术水平产品所占比重波动较大，由 2003 年的 32.67% 下跌至 2011 年的 22.34%，而后震荡回升至 2019 年的 33.18%。自 2011 年起，初级产品（PP）成为中国从美国

进口的第三大产品类别，且其所占中国从美国全部进口的比重在 2020 年提升至 23.74%，较上年提高 10.17 个百分点。资源型产品（RB）是中国从美国进口的第四大产品类别，且近年来其所占比重不断下降，2020 年为10.38%，较上年下降 1.14 个百分点，已连续三年下降。低技术水平产品（LT）的进口量最少，其所占比重长期维持在 5% 左右。综合来看，中国对美国出口的制成品结构未发生较大变动，但进口制成品结构呈现恶化趋势，主要表现为中、高技术水平产品进口比重下降，而初级产品进口比重上升，这主要与美国的技术产品出口限制政策，以及贸易谈判中初级产品出口诉求有关。

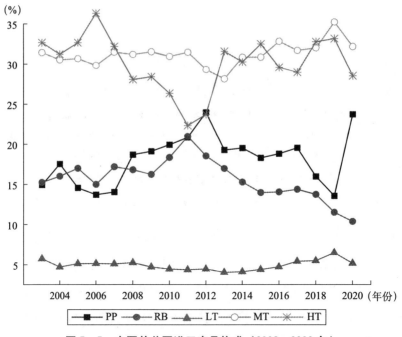

图 5-5　中国从美国进口产品构成（2003~2020 年）

资料来源：原始数据来源于 UN Comtrade 数据库，比重系计算得到。

图 5-6 绘制了中国向日韩出口产品构成。由图 5-6 可知，2010 年之前低技术水平产品（LT）力压高技术水平产品（HT），是中国向日韩最主要出口产品，但随着低技术水平产品占中国向日韩出口的比重不断下降，

即由 2003 年的 34.39% 下降至 2020 年的 27.40%，以及高技术水平产品
（HT）的比重不断上升，2012 年高技术水平产品（HT）彻底取代低技术水
平产品（LT），成为中国向日韩出口的最主要产品类别，2020 年其占中国
向日韩出口的比重为 33.82%，较 2003 年提高 8.38 个百分点。中等技术
水平产品（MT）是中国向日韩出口的第三大产品类别，而且其所占的比
重保持上升趋势，由 2003 年的 15.57% 上升至 2020 年的 22.70%。资源型
产品（RB）占比保持稳定，2003 年该比重为 11.91%，2020 年为
11.84%，变动幅度较小。初级产品（PP）占比明显下降，由 2003 年的
12.69% 下降至 2020 年的 4.25%。

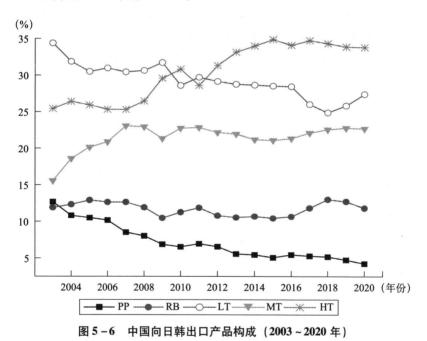

图 5-6　中国向日韩出口产品构成（2003~2020 年）

资料来源：原始数据来源于 UN Comtrade 数据库，比重系计算得到。

图 5-7 绘制了中国从日本和韩国进口产品构成。由图 5-7 可知，除
个别年份外（2010 年、2011 年），高技术水平产品（HT）始终是中国从
日本和韩国进口的主要产品类别。从走势看，高技术水平产品占中国从日
本和韩国进口的比重先下降后上升，特别是在 2011~2015 年增幅明显，总

体上其占比由 2003 年的 39.27% 攀升至 2020 年的 45.30%。中等技术水平产品（MT）是中国从日本和韩国进口的第二大产品类别，并且其所占比重在金融危机后快速上升，于 2010 年、2011 年超过高技术水平产品跃居首位，随后回落至金融危机前的水平，2020 年中等技术水平产品占中国从日本和韩国进口的比重为 35.92%，与 2003 年的水平基本相当。资源型产品（RB）是中国从日本和韩国进口的第三大产品类别，其所占比重虽在个别年份快速攀升，但随后明显回落，总体稳定在 10% 左右。低技术水平产品（LT）占中国从日本和韩国进口的比重不断下降，由 2003 年的 11.03% 下降至 2020 年的 5.53%。初级产品（PP）进口量最少，但近年来占中国从日本和韩国进口的比重略有升高，2020 年该比重为 3.16%，较 2019 年、2003 年分别提高 0.48 个和 1.14 个百分点。

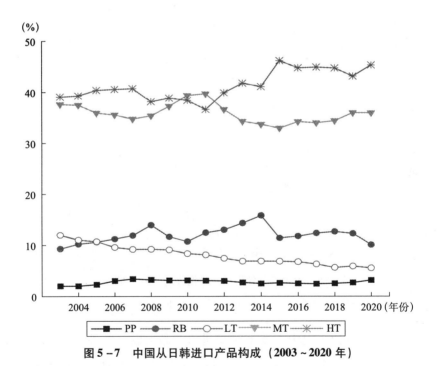

图 5-7　中国从日韩进口产品构成（2003～2020 年）

资料来源：原始数据来源于 UN Comtrade 数据库，比重系计算得到。

5.5　模型设定和变量选取

本章利用 2003 ~ 2020 年的国际面板数据模型，选取中国制成品进出口结构作为被解释变量，中国的对外直接投资存量作为主要考察变量，并结合过往的研究，选取影响制成品进出口结构的控制变量。具体模型如下：

$$estr_{it} = \beta_0 + \beta_1 \ln odi_{it} + \beta_2 \ln fdi_t + \beta_3 rd\_c_t$$
$$+ \beta_4 exchange_{it} + \beta_5 \ln pgdp_{it} + \mu_{it} \qquad (5-1)$$

$$istr_{it} = \beta_0 + \beta_1 \ln odi_{it} + \beta_2 \ln fdi_t + \beta_3 rd\_h_{it}$$
$$+ \beta_3 exchange_{it} + \beta_4 \ln pgdp\_c_t + v_{it} \qquad (5-2)$$

其中，i 代表国家或地区，t 表示年份。式（5 - 1）的被解释变量 $estr$ 表示中国对某个国家或地区的制成品出口结构，选取中国对该国家或地区出口的中等技术水平和高技术水平产品占全部出口产品的比重作为代理变量。主要考察变量为对外直接投资，使用中国对某个国家或地区直接投资额存量 odi 作为代理变量，采用对数形式 $\ln odi$。选取影响出口结构的控制变量为：中国外资利用水平 fdi，吸引和实际利用的外商直接投资越多，表明经济体外向型程度越高，外商直接投资特别是来自发达国家和地区的投资，如果使用得当，可能产生技术溢出，带动本国技术水平升级，进而优化产业结构和出口结构，选取中国实际利用外商直接投资额 fdi 作为代理变量，采用对数形式 $\ln fdi$；科研水平，研发水平的变动通过作用于国内产业结构和要素投入比例来影响出口结构，利用研发投入费用占国内生产总值 rd 的比重作为代理变量，使用百分比形式，其中 rd_c 代表中国研发投入费用占国内生产总值的比重；汇率水平，汇率水平反映本国货币币值相对于他国货币币值的大小，即本国货币的购买力，在开放经济体中，汇率可能影响到一国的出口和进口产品结构，使用人民币币值与东道国币值之比 $exchange$ 作为代理变量；东道国经济规模，东道国经济规模体现了东道国的市场规模和需求层次，是影响中国对其出口结构的重要因素，选用东道国人均国内生产总值 $pgdp$ 作为代理变量，采取对数形式。

式（5-2）的被解释变量 $istr$ 表示中国从某个国家或地区的进口制成品结构，选用中国从该国和地区进口的中等技术水平产品和高技术水平产品占全部进口产品的比重。主要考察变量为对外直接投资，使用中国对某个国家或地区对外直接投资存量 odi 作为代理变量，采取对数形式 $\ln odi$。影响进口结构的控制变量为：中国利用外资水平 fdi，众多跨国公司在中国投资设厂建立分支机构的主要目的是利用中国廉价的生产要素，将中国纳入其全球生产网络中，在中国的分支机构从母国进口特定产品在中国加工装配之后再转运到位于其他国家或地区的分支机构，因此利用外资水平对中国进口结构存在一定程度的影响，使用中国实际利用外商直接投资额 fdi 作为代理变量，采取对数形式 $\ln fdi$；东道国研发水平，东道国研发水平高低决定了其对中国出口产品的技术含量，使用东道国研发投入占东道国国内生产总值 rd_h 的比重作为代理变量，选用百分比形式；汇率水平，选取人民币币值与东道国币值之比 $exchange$ 作为代理变量；中国的经济规模，中国的经济规模反映了国内市场规模和需求层次，是影响中国进口结构的重要因素，选取中国人均国内生产总值 $pgdp\_c$ 作为代理变量，选用对数形式。

更进一步地，详细考察对外直接投资对每种细分产品种类进出口的影响。具体模型如下：

$$\ln exp_{it} = \beta_0 + \beta_1 \ln odi_{it} + \beta_2 \ln pgdp_{it} + \beta_3 \ln pgdp\_c_t + \beta_4 \ln dis_{it}$$
$$+ \beta_5 exchange_{it} + \beta_6 contig_{it} + \beta_7 comlang_i + \beta_8 comrelig_i$$
$$+ \beta_9 rta_{it} + \mu_{it} \qquad (5-3)$$

$$\ln imp_{it} = \beta_0 + \beta_1 \ln odi_{it} + \beta_2 \ln pgdp_{it} + \beta_3 \ln pgdp\_c_t + \beta_4 \ln dis_{it}$$
$$+ \beta_5 exchange_{it} + \beta_6 contig_{it} + \beta_7 comlang_i + \beta_8 comrelig_i$$
$$+ \beta_9 rta_{it} + \mu_{it} \qquad (5-4)$$

其中，式（5-3）中被解释变量分别为初级产品、资源型产品、低技术水平产品、中等技术水平产品和高技术水平产品的出口值，主要考察变量为中国对外直接投资额，以存量表示。选取影响出口贸易的控制变量为：市场规模变量，使用东道国人均国内生产总值 *pgdp* 作为其代理变量；中国国内市场规模，使用中国人均国内生产总值 *pgdp_ c* 作为其代理变量；贸易成本变量，主要分为运输成本和以关税为主的人为成本，但由于双边关税数据暂时无法获取，因此选取中国是否与东道国签署自由贸易协定 *rta* 作为人为贸易成本的代理变量。[①] 运输成本 *dis* 根据笔者计算得到的贸易距离与国际油价的乘积表示。[②] 汇率水平 *exchange*，汇率水平反映本国货币币值相对于他国货币币值的大小，即本国货币的购买力，汇率的变动会对出口产品价格和进口能力产生一定的影响；共同边界 *contig*，共同的官方语言 *comlang*，共同的宗教信仰 *comrelig* 等同样影响双边贸易。式（5 - 4）中被解释变量分别为初级产品、资源型产品、低技术水平产品、中等技术水平产品和高技术水平产品的进口值。主要考察变量为中国对外直接投资额，以存量表示。控制变量与式（5 - 3）相同。主要变量的含义和描述性统计见表 5 - 4。

表 5 - 4　　　　　　　　　主要变量含义及描述性统计

变量名	含义	观测值个数	均值	标准差	最小值	最大值
estr	出口结构	3569	51. 22	16. 53	0	100
istr	进口结构	3541	27. 23	33. 56	0	100
odi	对外投资存量	3029	480038	5. 170e + 06	1	1. 440e + 08
fdi	中国吸引直接投资	3596	1. 890e + 07	6. 993e + 06	5. 790e + 06	2. 910e + 07
rd_ c	研发投入占 gdp 比重	3569	1. 781	0. 379	1. 120	2. 401
pgdp	东道国人均 gdp	3569	1. 499	2. 221	0. 0114	17. 89
pgdp_ c	中国人均 gdp	3569	0. 576	0. 308	0. 129	1. 041
pp	初级产品出口	3569	26552	95458	0	947963
rb	资源型产品出口	3569	70399	219423	0	2. 748e + 06
lt	低技术类产品出口	3569	257768	980960	0	1. 560e + 07

[①]　具体构建方法参照第 4 章。
[②]　贸易成本的具体构建方法参照第 4 章。

续表

变量名	含义	观测值个数	均值	标准差	最小值	最大值
mt	中技术类产品出口	3569	205044	667490	0	1.070e+07
ht	高技术类产品出口	3569	282906	1.431e+06	0	2.270e+07
pp	初级产品进口	3541	146086	460683	0	4.946e+06
rb	资源型产品进口	3541	125058	468564	0	8.425e+06
lt	低技术类产品进口	3541	29566	132216	0	1.813e+06
mt	中技术类产品进口	3541	142265	701544	0	9.436e+06
ht	高技术类产品进口	3541	145041	753492	0	1.170e+07

注：出口结构、进口结构、研发投入占 gdp 的单位均为百分比，东道国人均 gdp，中国人均 gdp、初级产品出口（进口）、资源型产品出口（进口）、低技术水平产品出口（进口）、高技术水平产品出口（进口）的单位均为万美元。

各分类产品的进出口数据根据拉奥（Lall，2000）的分类方法，将 UNCOMTRADE 数据库 SITC 三位编码贸易数据加总得到。中国对东道国的对外直接投资存量数据来源于历年《中国对外直接投资统计公报》。中国、东道国人均国内生产总值和汇率数据均来源于世界银行发展指标（World Bank Development Indicator）数据库。中国与东道国自由贸易协定虚拟变量数据来源于中国自由贸易区服务网。研发投入数据来源于各年《中国统计年鉴》。国际油价数据来源于货币基金组织的主要商品价格数据库。进出口、对外直接投资和国内生产总值数据单位为万美元，共同边界、共同宗教信仰和共同官方语言等数据来自 CEPII 数据库。

选取的样本时间跨度为 2003～2020 年，但在分析对外直接投资对分类别产品进出口的影响时，由于个别国家在个别年份的分类产品进出口数据缺失，因此需要采用非平衡面板数据回归。选取上述国家（地区）和时间段的缘由是：首先，2002 年中国才正式提出"走出去"战略，因此直至 2003 年才出现了有关中国对外直接投资的完整翔实的数据；其次，中国对外直接投资分布较为集中，截至 2020 年末，中国对上述国家对外直接投资存量占到了对外直接投资总存量的 94.5%，因此选取的样本具有一定的代表性。

5.6　回归结果及分析

由于选取的截面单位之间的贸易结构数据差异较大，因此考虑到组间异方差问题是否存在并进行检验。如果存在异方差的情形下仍然使用普通最小二乘估计，会导致通常的 T 检验和 F 检验失效，普通最小二乘估计量不再满足高斯马尔科夫定理，即在所有线性无偏估计中该估计量不再拥有最小方差。存在异方差的情形下，一般采用可行广义最小二乘估计方法，利用原有样本数据一致地估计出方差协方差矩阵，然后使用广义最小二乘估计方法，转换变量，使得新模型符合同方差假定。出口贸易结构的回归结果，详见表 5-5。

表 5-5　　　　　　　　　　　出口贸易结构的回归结果

变量	estr	estr	estr	estr	estr
ln*odi*	2.114 ***	2.114 ***	2.114 ***	2.139 ***	2.121 ***
	(3.62)	(3.62)	(3.62)	(3.72)	(3.60)
ln*fdi*		2.819 ***	2.640 ***	2.626 ***	2.776 ***
		(39.50)	(78.50)	(58.09)	(32.04)
rd_c			2.492 ***	2.743 ***	2.712 **
			(3.64)	(3.89)	(2.41)
exchange				-0.135 **	-0.159 **
				(2.21)	(2.36)
ln*pgdp*					1.625 ***
					(3.83)
_cons	43.900 ***	缺省	缺省	缺省	缺省
	(39.50)				
N	3015	3015	3015	2964	2949
fixed effect	YES	YES	YES	YES	YES
time effect	YES	YES	YES	YES	YES

注：*** 、** 分别表示在1%、5%显著性水平下显著，括号内为 t 值。

考虑到式（5-3）和式（5-4）中控制变量基本相同，同时核心解释变量同样为中国对外直接投资存量，因此在具体的结果分析中，统筹考虑对比分析出口结构的回归结果和进口结构的回归结果，通过这种方式，可以更直观地反映对外直接投资对出口结构、进口结构的差异化影响。值得说明的是，实证分析中逐步加入控制变量，考察核心解释变量系数符号和显著性的变化，同时考虑到个体效应可能影响被解释变量，回归中加入不随时间变化的个体效应，即回归结果中的 fixed effect，而伴随个体效应进入回归模型，不随时间变化的控制变量被个体效应吸收。考虑到经济变量的时间趋势和惯性，回归中纳入时间效应，即回归结果中的 time effect。进口贸易结构的回归结果，详见表 5 - 6。

表 5 - 6　　　　　　　　　　进口贸易结构的回归结果

变量	istr	istr	istr	istr	istr
ln*odi*	− 2. 104 ***	− 2. 104 ***	− 2. 104 ***	− 2. 026 ***	− 2. 018 ***
	(3. 41)	(3. 41)	(3. 41)	(3. 10)	(3. 07)
ln*fdi*		1. 899 ***	2. 222 ***	2. 189 ***	2. 361 ***
		(21. 77)	(82. 23)	(32. 25)	(23. 57)
rd_ h			4. 600 ***	4. 471 ***	4. 471 ***
			(3. 01)	(3. 06)	(3. 06)
exchange				0. 164	0. 170
				(0. 88)	(0. 90)
ln*pgdp_ c*					0. 513
					(0. 90)
_ cons	29. 568 ***	缺省	缺省	缺省	缺省
	(21. 77)				
N	2990	2990	2990	2940	2928
fixed effect	YES	YES	YES	YES	YES
time effect	YES	YES	YES	YES	YES

注：*** 表示在1%显著性水平下显著，括号内为 t 值。

由表 5 - 5 和表 5 - 6 可知，出口结构回归结果中对外直接投资的系数符号为正，且在1%水平下是显著的，而进口结构回归结果中对外直接投资的系数符号为负，且在1%水平下是显著的，这表明中国对外直接投资显著地改善了出口结构，却不利于进口结构的优化。造成这种差异的原因可能是：首先，中国对外直接投资存在市场寻求动机，即为出口服务。在不断扩张出口量的同时为了增加单位出口收入，不断升级出口结构，提升单位产品价值和技术水平，并且在跨国投资和连续出口过程中，接触到国际先进技术和经验，为出口结构升级提供了条件。对外直接投资，特别是无形资产寻求型对外直接投资，扎根于国外研发密集区，依托当地高素质的人力资本和完善的信息网络基础设施，利用集群溢出机制学习先进技术和经营管理经验，引致逆向技术溢出并提升国内产业结构，进而改善出口结构。其次，中国对外直接投资很大一部分流向资源丰裕的国家和地区，获取当地的矿产、石油等资源，满足国内生产，这无疑增加了此类产品进口，此类产品多属不需加工或只需简单加工的初级产品，初级产品进口的增多不利于进口结构的优化。再次，由于中国不断崛起成为世界强国，西方发达国家为了保证技术领先地位，严格限制对中国出口中高技术产品特别是涉及核心利益的高技术类产品，虽然中国可以通过对外直接投资绕过管制壁垒，但通过外溢机制习得的技术大都未涉及核心内容，因此由设在国外的分支机构运回国内的产品技术类别同样不高。最后，中国对外直接投资主要分布在发展中国家，依据成本原则将国内业已丧失比较优势的产业转移到东道国，发挥东道国的比较优势。东道国生产的产品部分供应母国国内市场，增加母国进口，过多地从发展中国家进口此类低技术类产品抑制了中国进口结构的优化。

在出口结构回归结果中，外商直接投资的系数符号为正，且在1%水平下显著，这可能是由于外资技术水平较高、管理经验丰富，在国内生产的产品技术含量高，直接增加中国中高技术水平产品的出口，优化出口结构。另外，外商直接投资流入过程中伴随技术扩散、知识扩散，劳动力在外资企业接受培训后跳槽到内资企业，间接带动全行业的技术水平，增加中国中高技术水平产品出口，优化出口结构。在进口回归结果中，外商直接投资系数符号为正，且在1%水平下显著，其中的原因是外资在中国投资设厂过程中需要进口一定数量的资本品和技术含量较高的生产设备，对中国进口结构产生一定的正向影响。

在出口结构回归结果中，汇率的系数符号为负，且在5%水平下显著，这意味着人民币升值有助于优化中国出口结构，这可能是由于随着人民币币值不断升高，依靠低价竞争的低技术水平产品优势不断衰减，依靠质量和技术竞争优势的中高技术水平产品受到影响较小，这导致国内生产要素流向生产高技术含量产品的企业，进而促进出口结构不断优化。在进口结构回归结果中，汇率的系数符号为正但不显著，这意味着人民币升值对进口结构存在负向影响，但影响程度不显著。

出口结构的回归结果中，中国国内研发的系数符号为正且通过了1%显著性水平检验，这表明中国研发投入占比的提升可以改善出口结构。中国研发投入水平的提升，可以提高生产技术，改变要素投入比例，通过影响生产结构改善出口结构。进口结构的回归结果中，东道国国内研发的系数符号为正且通过了1%显著性水平检验，表明东道国国内研发水平提升有助于改善中国进口结构，东道国国内研发投入占比的提高提升了东道国出口产品的技术含量，此类产品更多地进入中国，推动进口结构提升。

出口结构回归结果中，东道国人均国内生产总值的系数符号为正且在1%水平下显著，这表明东道国经济规模对中国出口结构存在正向影响。随着东道国经济水平不断提升，市场主体对于价格的敏感程度下降，对质量的要求不断提升，对中高技术水平产品的需求日益增强，因此会倒逼中国企业改变各分类产品出口比例，进而改善出口结构。进口结构回归结果中，中国人均国内经济规模对进口结构的影响为正但不显著，这可能是由于国内经济规模虽大幅增加，但市场主体购买力仍有限，因此对进口结构的优化作用不甚明显。

更进一步考察对外直接投资对不同类别产品进出口的影响，探究对外直接投资是通过何种渠道作用于出口结构和进口结构。表5-7给出了初级产品、资源产品和低技术水平产品出口影响因素的回归结果，考虑到对外直接投资的内生性，选取中国与东道国利率差值作为工具变量。由表5-7可知，对外直接投资对初级产品出口具有一定的抑制作用，但作用不显著。对外直接投资对资源产品、低技术水平产品出口具有正向影响，且正向促进作用至少在10%水平下显著，其中对资源产品出口的促进作用尤为显著。对比对外投资的系数绝对值发现，在经济意义上对外直接投资对资源型产品出口的促进作用明显大于对低技术水平产品出口的促进作用。控制变量中，东道国人均国内生产总值对初级产品、资源产品和低技术水平产品出口均具有显著的正向作用，而中国人均国内生产总值仅对初级产品出口具有显著的正向影响，对资源型产品和低技术水平产品出口的正向促进作用不显著。运输成本明显阻碍初级产品、资源型产品和低技术水平产品出口。汇率的系数为正值，表明人民币贬值有助于推动资源型产品出口，但对初级产品和低技术水平产品出口的促进作用不明显。其他控制变量的系数基本符合预期，但在不同的回归结果中显著性略有差异。

表 5 - 7　初级产品、资源型产品和低技术水平产品出口的回归结果（考虑内生性）

变量	pp	pp	rb	rb	lt	lt
ln*odi*	- 0.016	- 0.079	0.941 ***	0.993 ***	0.604 **	0.558 *
	(0.07)	(0.35)	(2.87)	(2.68)	(2.07)	(1.78)
ln*pgdp*	0.468 ***	0.425 ***	0.749 ***	0.563 ***	1.047 ***	1.049 ***
	(3.96)	(3.38)	(4.04)	(2.77)	(6.17)	(6.11)
ln*pgdp_ c*	0.961 **	1.141 **	0.001	0.010	0.470	0.553
	(2.26)	(2.30)	(0.00)	(0.01)	(0.80)	(0.81)
ln*dis*	- 0.140 **	- 0.268 ***	- 0.607 ***	- 0.603 ***	- 0.266 ***	- 0.370 ***
	(2.43)	(2.75)	(6.77)	(3.83)	(3.30)	(2.79)
exchange	0.023	0.022	0.086 **	0.100 **	0.014	0.018
	(0.92)	(0.81)	(2.23)	(2.26)	(0.40)	(0.49)
contig	2.246 **		1.786		2.978 *	
	(2.37)		(1.16)		(1.93)	
comlang	3.472 **		2.676		2.434	
	(2.48)		(1.16)		(1.03)	
comrelig	47.720 **		23.015		52.968	
	(2.18)		(0.63)		(1.36)	

续表

变量	pp	pp	rb	rb	lt	lt
rta	0.081	0.200	0.698 ***	0.826 ***	0.190	0.199
	(0.49)	(1.34)	(2.73)	(3.41)	(0.84)	(0.97)
_ *cons*	9.991 ***	12.961 ***	0.364	0.207	10.589 ***	10.529 ***
	(3.87)	(4.43)	(0.09)	(0.04)	(2.97)	(2.63)
N	1798	1798	1798	1798	1798	1798
fixed effect	NO	YES	NO	YES	NO	YES
time effect	NO	YES	NO	YES	NO	YES

注：*** 、 ** 、 * 分别表示在1%、5%、10%显著性水平下显著，括号内为 t 值。

表5-8 给出了中等技术水平产品、高技术水平产品出口影响因素的回归结果，同样报告稳健性回归结果，即选取中国与东道国利率差值作为对外直接投资的工具变量。由表5-8可知，对外直接投资显著地促进了中等技术水平产品出口，但对高技术水平产品出口的促进作用不明显。对比对外直接投资的系数大小发现，对外直接投资对中等技术水平产品的促进作用远大于对其他类别产品的促进作用，同时通过对比表5-8和表5-7可以认为，对外直接投资对出口结构的优化作用，主要体现为促进了中等技术水平产品出口，而降低初级产品出口规模。东道国人均国内生产总值对中等技术水平产品出口、高技术水平产品出口均具有显著的正向促进作用，符合预期。中国人均国内生产总值仅对高技术水平产品出口具有显著的正向影响，而对中等技术水平产品出口的正向促进作用不显著，人均国内生产总值是伴随着生产效率的提升而提高的，而生产效率的提高有利于推动高技术水平产品出口。运输成本的系数为负值，但在回归中均不显著，这意味着运输成本对出口贸易的负向影响并不适用于中等技术产品和高技术水平产品。换言之，在一定程度上，中等技术水平产品、高技术水平产品的出口已跨越了运输距离的限制。汇率的系数为正值，表明人民币贬值同样有利于中等技术水平产品和高技术水平产品出口，这可能是由于中国出口的这两类产品的需求价格弹性大于1。其他控制变量的符号基本符合预期，其中共同边界、共同官方语言、共同宗教信仰三个变量不随时

间变化，回归中被个体效应吸收，因此在包含个体效应和时间效应的回归结果中，此类变量的系数为缺省值。

表 5 - 8　　中等技术水平产品、高技术水平产品出口的回归结果（考虑内生性）

变量	mt	mt	ht	ht
ln*odi*	1.378 ***	1.371 ***	0.431	0.426
	(2.86)	(2.59)	(1.40)	(1.28)
ln*pgdp*	1.424 ***	1.429 ***	0.616 ***	0.458 **
	(5.06)	(4.92)	(3.38)	(2.52)
ln*pgdp_ c*	0.032	0.321	1.486 **	1.896 ***
	(0.03)	(0.28)	(2.40)	(2.62)
ln*dis*	-0.344	-0.261	-0.078	-0.216
	(1.81)	(1.16)	(0.90)	(1.52)
exchange	0.066	0.072	0.029	0.028
	(1.15)	(1.13)	(0.79)	(0.69)
contig	3.329		2.832	
	(1.34)		(1.59)	
comlang	1.228		7.144 **	
	(0.32)		(2.56)	
comrelig	78.337		29.515	
	(1.26)		(0.64)	
rta	0.570	0.745 **	0.276	0.453 **
	(1.52)	(2.15)	(1.15)	(2.09)
_ *cons*	5.911	12.118 *	12.387 ***	17.149 ***
	(1.00)	(1.80)	(3.28)	(4.05)
N	1792	1792	1793	1793
fixed effect	NO	YES	NO	YES
time effect	NO	YES	NO	YES

注：*** 、** 、* 分别表示在 1%、5%、10% 显著性水平下显著，括号内为 t 值。

表 5 - 9 汇报了初级产品、资源产品和低技术水平产品进口影响因素的回归结果，考虑到对外直接投资的内生性，选取中国与东道国贷款利率差值作为工具变量。由表 5 - 9 可知，对外直接投资显著地推动了资源产品进口，而对初级产品、低技术水平产品进口的正向促进作用不明显，在一定

程度上验证了中国对外直接投资的资源获取倾向。对外直接投资企业为获取稳定的资源供给，采取直接投资形式得到资源使用权，并进口至国内，从而增加资源型产品进口。东道国人均国内生产总值对初级产品进口的影响是正向的，并且其系数在1%水平下是显著的，而东道国人均国内生产总值对资源型产品和低技术水平产品进口的正向影响不显著。这可能是由于中国主要从澳大利亚、新西兰和加拿大等人均国内生产总值较高的国家进口初级产品，导致数据上体现为东道国人均国内生产总值越高，中国从该国进口的初级产品越多。中国人均国内生产总值对初级产品进口、低技术水平产品进口影响为正但不显著，对资源型产品进口的影响为负同样不显著。

表5-9　初级产品、资源型产品和低技术水平产品进口的回归结果（考虑内生性）

变量	pp	pp	rb	rb	lt	lt
ln*odi*	0.100	0.177	2.300 ***	2.996 ***	2.649	4.303
	(0.27)	(0.44)	(2.75)	(3.25)	(1.39)	(1.61)
ln*pgdp*	0.748 ***	0.705 ***	0.379	1.900 *	1.451 ***	1.693
	(3.76)	(3.37)	(0.52)	(1.73)	(4.53)	(0.95)
ln*pgdp_ c*	0.799	0.727	−3.275	−6.757	3.304	3.748
	(1.01)	(0.78)	(0.82)	(1.13)	(0.62)	(0.43)
ln*dis*	−0.194 *	−0.053	−0.986 **	−1.402 **	−1.275 ***	−0.859 **
	(1.71)	(0.28)	(2.21)	(2.12)	(3.69)	(2.44)
exchange	−0.017	−0.006	−0.282	−0.483	−0.038	−0.105
	(0.39)	(0.12)	(1.37)	(1.60)	(0.41)	(0.23)
contig	2.899		2.161		1.460	
	(1.64)		(0.39)		(0.67)	
comlang	0.971		0.066		3.423	
	(0.35)		(0.01)		(1.19)	
comrelig	106.891 **		258.974 ***		184.230 ***	
	(2.48)		(3.90)		(6.48)	
rta	0.376	0.487 *	0.629	1.176	2.032 **	0.224
	(1.32)	(1.86)	(0.68)	(1.38)	(2.42)	(0.15)

续表

变量	pp	pp	rb	rb	lt	lt
_ cons	9. 644 **	9. 073 *	− 25. 170	− 50. 857	2. 730	34. 203
	(2. 05)	(1. 66)	(1. 00)	(1. 49)	(0. 22)	(0. 74)
N	1623	1623	1462	1462	1388	1388
fixed effect	NO	YES	NO	YES	NO	YES
time effect	NO	YES	NO	YES	NO	YES

注： *** 、 ** 、 * 分别表示在 1% 、5% 、10% 显著性水平下显著，括号内为 t 值。

其他控制变量基本符合预期，其中运输成本的系数为负值，且在资源型产品和低技术水平产品进口回归中通过了至少 5% 显著性水平检验，这表明运输成本增加明显限制了资源型产品和低技术水平产品进口。汇率的系数为负值但不显著，表明人民币贬值不利于初级产品、资源型产品和低技术水平产品进口，但该负向影响不明显。共同边界、共同官方语言和共同信仰等变量被个体效应吸收，因此在包含个体效应和时间效应的回归中，此类变量的系数为缺省值。在不包含个体效应和时间效应的回归中，此类变量的系数普遍为正，但均不显著，这意味着此类变量对进口的影响较弱。区域贸易投资协定有利于初级产品和低技术水平产品进口，这可能与区域贸易投资协定所约定的关税减免、配额减少等贸易便利化措施集中在初级产品和低技术水平产品有关。

表 5 - 10 汇报了中等技术水平产品进口、高技术水平产品进口影响因素的回归结果，同样道理，考虑到对外直接投资的内生性，选取中国与东道国贷款利率差值作为工具变量。由表 5 - 10 可知，对外直接投资不利于中等技术水平产品进口，且从系数的显著性来看，负向作用较为明显。对外直接投资对高技术水平产品进口有一定的正向促进作用，但正向促进作用不明显。这可能是由于美国等国家对中国采取的技术出口限制政策，导致对外直接投资企业无法获取东道国高技术水平产品。对比表 5 - 9 和表 5 - 10 可知，对外直接投资对进口结构的负向影响，主要体现为增加资源型产品进口的同时，限制中等技术水平产品进口。东道国人均国内生产总值的系数为正值，且在 1% 水平下显著，而中国人均国内生产总值的系数

不显著，且系数符号为负，这意味着中国市场规模的扩张反而不利于中等技术水平产品和高技术水平产品进口，其中原因可能是进口替代，随着国内市场规模扩大，为国内中等技术水平产品和高技术水平产品提供了市场空间，企业扩大研发投入，提升产品技术含量，部分企业选择国产替代进口。

表5-10　中等技术水平产品、高技术水平产品进口的回归结果（考虑内生性）

变量	mt	mt	ht	ht
ln*odi*	- 2.049 ***	- 2.367 ***	0.696	0.377
	(2.79)	(3.15)	(0.55)	(0.30)
ln*pgdp*	2.609 ***	1.576 ***	2.535 ***	2.223 ***
	(5.38)	(2.79)	(5.95)	(5.00)
ln*pgdp_c*	- 0.555	- 1.185	- 0.634	- 0.481
	(0.19)	(0.39)	(0.23)	(0.17)
ln*dis*	- 0.391	- 0.162	- 0.495 *	- 0.469
	(1.12)	(0.29)	(1.68)	(1.20)
exchange	0.232	0.285 *	0.033	0.016
	(1.42)	(1.84)	(0.25)	(0.12)
contig	2.939		3.156	
	(0.54)		(0.73)	
comlang	11.547		10.197	
	(1.36)		(1.58)	
comrelig	294.701 **		231.335 ***	
	(2.27)		(2.69)	
rta	0.383	0.151	0.252	0.045
	(0.60)	(0.25)	(0.34)	(0.07)
_cons	7.533	0.563	7.824	12.820
	(0.44)	(0.03)	(0.48)	(0.87)
N	997	997	1165	1165
fixed effect	NO	YES	NO	YES
time effect	NO	YES	NO	YES

注：＊＊＊、＊＊、＊分别表示在1%、5%、10%显著性水平下显著，括号内为t值。

大部分控制变量的系数基本符合预期，但在不同的回归结果中系数的显著性略有差异。其中，运输成本系数为负值，但普遍未通过 10% 显著性水平检验，这或许意味着运输成本对进口贸易的限制作用，不适用于中等技术水平和高技术水平产品。汇率的系数为正值但不显著，表明人民币贬值反而有利于中等技术水平产品、高技术水平产品进口，但是促进作用不明显。在不考虑个体效应和时间效应的回归结果中，共同边界、共同官方语言和共同的宗教信仰的系数为正值，其中共同宗教信仰的系数至少通过了 5% 显著性水平检验，这表明共同信仰显著地推动了中等技术水平、高技术水平产品进口。这可能与近年来发达国家倡导的价值观贸易有关，发达国家将技术含量更高的产品更多地销往拥有共同宗教信仰和价值观念的国家和地区，而中国主要从拥有共同文化和儒家思想渊源的日本和韩国进口中等技术水平产品和高技术水平产品。

5.7　小结

本章通过机理阐释和实证分析研究了对外直接投资对贸易结构的影响。机理分析结合不同对外直接投资动机阐释了对外直接投资通过产业结构调整、要素比例变化和技术溢出三种渠道作用于贸易结构。首先，效率寻求型对外直接投资将国内已经或即将丧失比较优势的产业转移到其他国家和地区，为国内新兴产业和比较优势产业提供一定的成长空间，更多自由流动的要素可以更好地投入到新兴产业或比较优势产业的生产中，壮大产业规模，进而改变国内产业结构并最终影响到贸易结构。效率寻求型对外直接投资在国外追求最大利润，为国内新兴产业的发展及产业结构调整提供充裕的资金支持，进而最终作用于贸易结构。其次，战略资源寻求型和无形资产寻求型对外直接投资通过改变国内要素比例作用于贸易结构。战略资源寻求型对外直接投资促进资源类产品进口，以及无形资产寻求型对外直接投资将蕴含国外先进技术的产品运回为国内提供新要素，这都会改变国内要素比例，进而影响贸易结构。最后，对外直接投资特别是流向发达经济体的投资，在一定条件下会产生逆向技术外溢，促进母国企业提升技术水平，优化生产流程，改善企业管理，提升产品技术含量和出口竞争力，进而影响贸易结构。另外，逆向技术外溢有助于优化本国产业结构，进而影响本国贸易结构。

实证分析中，借鉴拉奥（Lall，2000）的分类方法，将 SITC - 3 位数编码产品按技术含量分为初级产品、资源型产品、低技术水平产品、中等技术水平产品和高技术水平产品，在对中国进出口分类产品进行统计描述的基础上，实证分析了对外直接投资对制成品贸易结构（以中等技术水平产品和高技术水平产品进口或出口之和占全部进口或出口的比重表示）以及各分类产品进出口的影响。结果显示，对外直接投资对制成品出口贸易结构改善存在促进作用，但对制成品进口贸易结构优化具有阻碍作用。分类产品进出口回归结果显示，对外直接投资对大部分类别产品出口存在促进作用，其中对中等技术水平产品出口促进作用最为显著，对外直接投资对出口结构的优化作用集中体现为促进中等技术水平产品出口，阻碍初级产品出口。对外直接投资对中等技术水平产品进口影响为负，对资源型产品进口影响为正，对外直接投资对进口结构的负向影响，集中体现为促进资源型产品进口，而限制中等技术水平产品进口。

第6章 结论与政策建议

6.1 主要结论

本书基于中国对外直接投资与对外贸易数据，研究了中国对外直接投资对进出口贸易以及制成品进出口贸易结构的影响，得出的主要结论如下。

考察中国对外直接投资与对外贸易的发展现状后发现，虽然中国对外直接投资发展迅速，但与世界主要投资强国相比，差距比较显著，特别是与自身作为世界第二大经济体的地位相比，仍有较大的上升空间。从地区分布看，虽然中国对外直接投资分布的地域广度不断增加，但仍主要集中在亚洲及少数发达国家和资源丰富国家和地区。中国对外贸易成绩瞩目，并且贸易结构总体呈不断优化态势，工业制成品在进出口贸易中均占主导地位。从地区分布看，中国出口贸易主要集中在亚洲、北美洲和欧洲，特别是与欧洲的贸易联系日趋紧密，进口贸易主要集中于亚洲和欧洲，在其他洲分布较为均衡。

结合对外投资的不同动机和区位分布，阐释对外直接投资对进出口贸易的影响机理，并基于中国的数据进行实证研究发现，中国对外直接投资对进出口贸易存在显著的正向促进作用，面板分位数回归结果显示，中国对外直接投资的出口创造效应主要集中在条件分布的低分位点，中国对外直接投资的进口创造效应同样集中在条件分布的低分位点。这表明当贸易规模较小，或对于与中国贸易联系程度不高的国家和地区而言，对其投资所产生的出口、进口促进作用更大。分样本回归结果显示，中国对中高收入国家和地区、中低收入国家和地区的直接投资能够带动中国向其出口，同样对这些国家的直接投资也能够带动中国从其进口。值得说明的是，当贸易规模较小时，中国对中低收入国家和地区直接投资的出口创造效应最为明显、作用更大，中国对中高收入国家和地区直接投资的出口创造效应未表现出明显的规律性，中国对中高收入国家和地区、中低收入国家和地区的直接投资，其所产生的进口促进作用更多地体现在贸易规模较小时。

将出口和进口增长解构为扩展边际和集约边际后，基于中国的数据研究对外直接投资对出口和进口二元边际的影响发现，中国对外直接投资对出口扩展边际存在显著的正向影响，但对出口集约边际存在不明显的负向影响，这意味着中国对外直接投资主要通过影响扩展边际来促进出口。若一国出口以扩展边际为主，即出口增长源于新增出口产品种类的增长，则该国能够有效地抵御外部冲击，防止贸易条件恶化，因此在一定程度上，中国对外直接投资对于抵御外部冲击、稳定出口规模、防止贸易条件恶化亦有一定的贡献。中国对外直接投资对进口集约边际的影响为正且显著，但对进口扩展边际的影响不显著。对于发达国家和地区而言，中国对外直接投资对出口集约边际存在显著的负向影响，对进口二元边际的正向影响不显著，这与中国对此类国家和地区直接投资的进口创造效应不显著有一定关联。对于发展中国家和地区而言，中国对外直接投资对出口二元边际特别是扩展边际存在显著的正向影响，对进口二元边际的影响均不显著。

对资源丰裕类国家和地区而言，中国对外直接投资对出口扩展边际具有显著的促进作用，但对出口集约边际存在显著的抑制作用，对进口集约边际存在显著的正向影响，对进口扩展边际影响不显著。

根据产品蕴含的技术水平，将制成品按照技术水平由低到高分成五类，并考察了 2003 年以来中国各类产品进出口所占比重的变化，试图探究中国制成品进出口贸易结构的变化。结果表明，中国的制成品出口结构正朝着不断优化的方向变动，中等技术水平产品和高技术水平产品出口占中国全部出口的比重由 2003 年的 51.04% 提高至 2020 年的 61.49%。与此相反，制成品进口结构并未明显优化，中等技术水平产品和高技术水平产品进口占中国全部进口的比重由 2003 年的 64.35% 下降至 2020 年的 52.42%，尤其值得关注的是，初级产品进口占全部进口的比重大幅提高，由 2003 年的 12.46% 上升至 2020 年的 23.39%。分地区来看，中国对欧盟出口结构正朝着不断优化的方向迈进，但进口结构不断恶化，中国对美国出口的制成品结构未发生较大变动，但进口制成品结构呈现恶化趋势，主要表现为中、高技术水平产品进口比重下降，而初级产品进口比重上升，这主要与美国的技术产品出口限制政策，以及贸易谈判中初级产品出口诉求有关。中国对日韩出口的制成品结构、从日韩进口的制成品结构均不断优化。

大部分研究论证了对外直接投资对母国贸易的影响，但对外直接投资除了对贸易规模有影响之外，对贸易结构是否有影响，存在何种影响机制，这些问题有待探究。本书结合投资动机阐释了对外直接投资通过产业结构调整效应、要素比例变化效应和技术溢出效应三种途径影响贸易结构，并基于中国制成品贸易数据进行了实证研究。结果表明，对外直接投资增长有利于制成品出口贸易结构优化，但不利于制成品进口结构优化。对外直接投资对出口结构的优化作用集中体现为促进中等技术水平产品出口，阻碍初级产品出口。对外直接投资对进口结构的负向影响，集中体现为促进资源型产品进口，而限制中等技术水平产品进口。

6.2 政策建议

综合研究发现，中国对外直接投资对进出口以及出口结构优化都有一定的促进作用，在当前中美竞争常态化、海外市场不确定性增大的背景下，扩大对外直接投资规模并发挥其对进出口的促进作用，能够保障经济稳定增长，为中国经济结构转型提供必要的资金、技术支持，帮助中国经济平稳快速地度过战略转型期。与此同时，中国对外直接投资仍存在一些问题，例如投资规模与其他主要对外投资国相比仍有一定的差距、地区分布过于集中。与对外贸易的关系来看，虽然中国对外直接投资对进出口规模具有显著的促进作用，但对进口的促进作用主要通过集约边际实现，中国对外直接投资的增长有利于改善制成品出口结构，但不利于优化制成品进口结构。综上所述，在新时期提升对外直接投资规模和改善对外投资结构对于发挥对外直接投资对中国经济的有利作用和规避对外直接投资对国际贸易的不利影响具有重要的意义，因此，就提升对外直接投资规模和改善对外投资结构提出相关建议。

6.2.1 减少对外直接投资限制，推动国内企业对外投资便利化

目前，相比世界主要对外投资国，我国海外投资的行政审批环节较多、程序较为烦琐、时间较长，大大抑制了国内企业走向海外市场的积极性，并且由于现代商业节奏加快，竞争日趋剧烈，较长的审批周期会贻误商机，影响企业的投资决策。因此，应当简化各种行政审批程序和外汇审批程序，推动国内企业海外投资便利化。由于我国对外投资的主体构成有相当比例的国有企业，必要的审批程序以防止国内资产外流是非常必要的，但对于涉及战略储备、双边外交战略和国家发展战略的投资项目，应尽量减少审批环节，缩短审批周期，综合运用各种管理措施保障投资项目

及时顺利实施。经过多年的发展，我国民营经济获得了长足进步，目前一些民营企业虽然握有一定的资金但国内缺乏较好的投资项目，而且由于民营企业的独特性质，契合国外市场主体特征，相比国有企业更容易被海外市场接纳，因此应当鼓励民营企业开展对外直接投资。对于一些缺乏足够启动资金的民营企业，应当提供必要的金融支持和风险管控，方便民营企业走出国门。

6.2.2　提供必要的金融支持，加强海外投资企业的风险管理

在海外投资建立分公司的固定成本较高，且有一定的生产经营风险，因此需要给予一定的金融支持。中国应当建立起商业银行、政策性银行和保险公司等金融机构共同参与的对外直接投资融资平台，为对外直接投资企业提供必要的融资支持和保障。对于关系到国家战略储备、国家发展战略的重要项目，应当优先支持，简化融资程序，提供长期低息贷款，降低保费，扩大承保范围，保障对外直接投资项目顺利实施。同时，可以在国内或国外设立专门为对外直接投资融资的基金，为对外投资企业提供本币或外币资金。对外直接投资企业在海外生产经营过程中风险较高，为了降低企业海外经营风险、保障对外直接投资的平稳快速发展，有必要建立政府和企业共同入股的对外投资风险基金。政府和企业共同建立一定的资金池，制定一定的规则和标准，参股的企业若在海外投资过程中遭遇风险，可得到一定的补偿。在企业海外投资过程中，应当发挥政策性银行的作用，一方面为对外投资企业提供必要的资金支持，另一方面开发海外经营保险业务，减少对外投资企业因外部因素或经营因素导致的损失。

6.2.3　为对外投资企业提供税收优惠，与他国签订投资协定降低对外投资门槛

为海外投资企业给予一定的税收优惠，一方面能够鼓励更多的企业走

出国门，另一方面能够降低海外投资企业的生产经营成本，方便对外投资企业与东道国企业和其他国家跨国公司展开竞争，这有利于促进中国对外投资快速发展。中国应当加快同更多国家建立对外投资协定，并充分发挥现有自由贸易区的作用，为本国企业对外投资提供便利。与一国签订对外投资协定，能够降低本国企业在该国投资的门槛，为对外投资企业在该国生产经营提供必要的契约保障。一方面，充分发挥现有自由贸易区的作用，在不断深化区域内自由贸易的基础上，适时推动投资协定谈判，为本国企业在该区域的国家投资扫清障碍。另一方面，随着贸易关系的不断加深，为海外投资企业提供有关东道国市场和法制方面的信息，为本国企业开展海外投资提供信息支持。

6.2.4 完善信息服务，培养和招募跨国经营人才

由于信息不对称，可能导致中国企业海外投资过程中遇到较大阻力，增大生产经营风险，但由于单个企业缺乏全面了解东道国各方面信息的能力，因此政府应及时发布权威的对外直接投资指导信息，帮助企业及时了解东道国市场环境、法律制度、政府效率和潜在的政治风险等，从而使企业能够综合各方面信息做出正确决策。一方面，政府可以通过派驻专门的人员，全面详细地收集有关东道国市场、法律法规等方面的信息；另一方面，通过与已在东道国投资的企业合作，了解当地的信息，从而完善信息服务体系。对于海外投资企业而言，拥有通晓国际商业准则、具有国际视野的高素质跨国经营人才是最为关键的。为满足跨国经营企业的要求，政府可以建立高素质跨国经营人才数据库，专门收集国际上符合相关要求和具备一定资质的人才信息，为跨国经营企业提供终端信息服务，帮助企业选择对口人才，同时，关注来自东道国的留学生和各种交流人员，将此类人员的信息纳入人才库。另外，通过职业培训等方式培养具备相关能力和资质的跨国经营人才，缓解中国企业走出去过程中面临的人才缺乏的瓶颈。

6.2.5　优化对外投资结构

增加对发达国家和地区的无形资产寻求型直接投资，以扩大资本品和高技术水平产品进口规模，改善中国进口结构。目前，中国对发达国家和地区的投资以市场寻求型为主，这虽然有利于扩大中国出口和维持在发达国家和地区的市场份额，但对于本国技术进步和产业升级影响有限。对发达国家和地区的投资由市场寻求型为主转变为以无形资产寻求型为主，从发达国家和地区进口蕴含先进技术、管理经验和服务的产品，有利于优化进口结构，而且有利于推动国内技术进步和产业结构升级，进而提升本国出口企业的国际竞争力。将国内生产能力严重过剩的低附加值、高消耗的行业转移到发展中经济体，充分发挥发展中东道国的要素禀赋优势，一方面有利于淘汰国内过剩产能，合理配置资源，促进产业结构转型，另一方面中国可以扩大相关生产设备、中间产品出口，维持业已丧失比较优势产业的国际市场份额。

6.3　研究展望

本书在过往学者的研究基础上，运用较为独特的计量估计方法分别考察了中国对外直接投资对贸易规模、贸易二元边际和制成品贸易结构的影响。总体来看，本书仍属尝试性研究，尚有进一步深化的空间。

首先，囿于数据的可得性，采用的是产品层面数据，但此类数据维度较为单一且细分程度不足。虽然在实证研究过程中使用了三位编码和六位编码细分数据，但目前国外的前沿研究主要结合企业层面和细分产品层面二维数据，并考虑到企业的生产率、规模和经营时间差异来研究对外直接投资对贸易规模，特别是对贸易二元边际的影响。采用此类数据的研究，估计精度提升，结论更加可信。因此，基于企业和产品两个维度考察对外直接投资对国际贸易的影响，是今后研究努力的方向。

其次，由于未精确地绘制出被解释变量（进出口贸易规模和各分类产品进出口规模）的条件分布，因此回归结果中部分结论的政策含义有待进一步细化。目前国内大部分学者在使用分位数模型时，错把无条件分布当成条件分布，对实证结果给出了较多不正确的解释。谨慎起见，针对此类回归结果未做过多解读，仅仅围绕不同条件分布对应的贸易规模加以阐释，但不同条件分布对应的具体贸易规模，以及不同条件分布对应的贸易对象国，有待进一步挖掘深化，这导致回归结果的政策含义颗粒度有待进一步细化。从方法论角度出发，准确地描绘出被解释变量的条件分布，是今后研究努力的方向。

参考文献

［1］蔡锐，刘泉．中国的国际直接投资与贸易是互补的吗？——基于小岛清"边际产业理论"的实证分析［J］．世界经济研究，2004（8）：64－70.

［2］柴庆春，胡添雨．中国对外直接投资的贸易效应研究——基于对东盟和欧盟投资的差异性的考察［J］．世界经济研究，2012（6）：64－69.

［3］陈传兴，杨雅婷．中国对外直接投资的贸易效应分析［J］．国际经济合作，2009（10）：52－55.

［4］陈立敏．贸易创造还是贸易替代——对外直接投资与对外贸易关系的研究综述［J］．国际贸易问题，2010（4）：122－128.

［5］陈石清．对外直接投资与出口贸易：实证比较研究［J］．财经理论与实践，2006（1）：56－61.

［6］陈小蕴，张水泉．对外直接投资与贸易品技术结构提升：韩国的经验及启示［J］．亚太经济，2012（2）：43－47.

［7］陈勇兵，陈宇媚．贸易增长的二元边际：一个文献综述［J］．国际贸易问题，2011（9）：160－168.

［8］陈愉瑜．中国对外直接投资的贸易结构效应［J］．统计研究，2012（9）：44－50.

［9］崔岩，臧新．日本对外直接投资与产业结构关系的实证分析［J］．南京财经大学学报，2006（2）：41－45.

［10］党远鸿．中国对外直接投资与对外贸易关系研究［D］．上海：华东师范大学，2009.

［11］杜维立，王维国．中国出口贸易的技术结构及其变迁：1980－2003［J］．经济研究，2007（7）：137－151，

［12］樊纲，关志雄，姚枝仲．国际贸易结构分析：贸易品的技术分布［J］．经济研究，2006（8）：70–80.

［13］方齐云，项本武．对外直接投资决定因素的实证研究综述［J］．经济学动态，2005（10）：73–75.

［14］冯春晓．我国对外直接投资对出口规模和出口商品结构影响的研究［D］．武汉：华中科技大学，2010.

［15］高国伟．国际直接投资与引力模型［J］．世界经济研究，2009（11）：82–86.

［16］龚晓莺．国际贸易与国际直接投资的关系及政策选择［M］．北京：经济管理出版社，2006.

［17］龚艳萍，周维．我国出口贸易结构与外国直接投资的相关分析［J］．国际贸易问题，2005（9）：5–9.

［18］古广东．中国企业对外直接投资对出口贸易影响分析［J］．亚太经济，2008（1）：55–57.

［19］郭洪伟．对外直接投资出口效应国际比较［J］．合作经济与科技，2009（3）：98–99.

［20］郝令昕，奈曼．分位数回归模型［M］．上海：上海人民出版社，2012.

［21］胡国恒．贸易和直接投资理论的一体化发展及其最新进展［J］．外国经济与管理，2005（7）：16–26.

［22］胡昭玲，宋平．中国对外直接投资对进出口贸易的影响分析［J］．经济经纬，2012（3）：65–69.

［23］黄先海，林国蛟．国际直接投资的贸易效应——一个扩张型模型及实证分析［J］．浙江社会科学，2001（9）：15–19.

［24］黄晓玲．外国直接投资与对外贸易的相互关系及其对工业化演进的影响——理论分析与对中国的实证考察［J］．财贸经济，2001（9）：60–65.

[25] 江小娟. 我国出口商品结构的决定因素和变化趋势 [J]. 经济研究, 2007 (5): 4 - 16.

[26] 阚大学. 我国对外直接投资的贸易效应实证研究 [J]. 河南科技大学学报 (社会科学版), 2009 (6): 80 - 81.

[27] 李波, 游晓霞. 国际直接投资的贸易效应分析——对小岛清模型的扩展 [J]. 商业经济与管理, 2005 (5): 40 - 45.

[28] 李东阳. 对外直接投资与国内产业空心化 [J]. 财经问题研究, 2000 (1): 56 - 59.

[29] 李国荣. 我国对外直接投资与出口贸易关系的实证研究 [J]. 国际贸易问题, 2006 (4): 15 - 21.

[30] 李建华, 刘非. 中国对外直接投资的对外贸易有效性评价研究 [J]. 工业技术经济, 2007 (10): 38 - 40.

[31] 李建萍. 论中国对外直接投资的出口效应 [J]. 上海商学院学报, 2006 (4): 28 - 32.

[32] 李梅, 柳士昌. 对外直接投资逆向技术溢出的地区差异和门槛效应——基于中国省际面板的门槛回归分析 [J]. 管理世界, 2012 (1): 21 - 31.

[33] 李荣林. 国际贸易与直接投资的关系: 文献综述 [J]. 世界经济, 2002 (4): 44 - 46.

[34] 李媛. 中国对外直接投资对出口贸易的促进 [J]. 中共太原市委党校学报, 2009 (6): 50 - 52.

[35] 刘红忠. 中国对外直接投资的实证研究及国际比较 [M]. 上海: 复旦大学出版社, 2001.

[36] 刘钻石, 张娟. 中国出口贸易技术结构的测算 [J]. 世界经济研究, 2010 (3): 68 - 72.

[37] 鲁晓东, 李荣林. 中国对外贸易结构、比较优势及其稳定性检验 [J]. 世界经济, 2007 (10): 39 - 48.

［38］马涛，刘仕国．产品内分工下中国进口结构与增长的二元边际——基于引力模型的动态面板数据分析［J］．南开经济研究，2010（4）：92-108．

［39］裴长洪．中国贸易政策调整与出口结构变化分析：2006-2008［J］．经济研究，2009（4）：4-15．

［40］裴长洪．日本对外投资与贸易增长变化分析［J］．宏观经济研究，2005（7）：11-16．

［41］齐俊妍．中国是否出口了更多高技术产品——基于技术含量和附加值的考察［J］．世界经济研究，2008（9）：40-46．

［42］钱学锋．企业异质性、贸易成本与中国出口增长的二元边际［J］．管理世界，2008（9）：48-56．

［43］钱学锋，熊平．中国出口增长的二元边际及其因素决定［J］．经济研究，2010（1）：65-78．

［44］沙加亚·劳尔．中国对亚洲制成品出口竞争影响［J］．南开经济研究，2002（1）：9-15．

［45］沙文兵．对外直接投资、逆向技术溢出与国内创新能力［J］．世界经济研究，2012（3）：69-74．

［46］施炳展．中国出口增长的三元边际［J］．经济学（季刊），2010（4）：1311-1330．

［47］苏薇．日本的对外直接投资可以替代国际贸易吗？——浅析日本"海外投资立国"的战略转换［J］．现代日本经济，1995（5）：22-25．

［48］隋月红．"二元"对外直接投资与贸易结构：机理与来自我国的证据［J］．国际商务——对外经济贸易大学学报，2010（6）：66-73．

［49］隋月红，赵振华．我国OFDI对贸易结构影响的机理与实证——兼论我国OFDI动机的拓展［J］．财贸经济，2012（4）：81-89．

［50］王方方，扶涛．中国对外直接投资的贸易因素——基于出口引致与出口平台的双重考察［J］．财经研究，2013（4）：90-100．

[51] 王方方，杨志强．企业异质性与中国对外直接投资"第三方"效应——基于企业微观数据的考察［J］．国际经贸探索，2013（2）：103－116.

[52] 汪琦．对外直接投资对投资国的产业结构调整效应及其传导机制［J］．世界经济与政治论坛，2004（1）：36－41.

[53] 汪素芹，姜枫．对外直接投资对母国出口贸易的影响——基于日本、美国对华投资的实证分析［J］．世界经济研究，2008（5）：78－86.

[54] 王英，刘思峰．中国对外直接投资的出口效应：一个实证分析［J］．世界经济与政治论坛，2007（1）：36－41.

[55] 王迎新．论海外直接投资与贸易的关系［J］．财贸经济，2003（1）：80－85.

[56] 魏浩，王露西，李翀．中国制成品出口比较优势及贸易结构研究［J］．经济学（季刊），2011（4）：1281－1310.

[57] 项本武．中国对外直接投资的贸易效应研究——基于 Panel Data 的地区差异检验［J］．统计与决策，2007（24）：99－102.

[58] 项本武．中国对外直接投资的贸易效应研究——基于面板数据的协整分析［J］．财贸经济，2009（4）：77－82.

[59] 小岛清．周宝廉译．对外贸易论［M］．天津：南开大学出版社，1987.

[60] 谢杰，刘任余．基于空间视角的中国对外直接投资的影响因素与贸易效应研究［J］．国际贸易问题，2011（6）：66－74.

[61] 杨晋丽，谭建新．中国对外直接投资出口效应区域差异研究［J］．云南财经大学学报，2008（1）：76－82.

[62] 姚洋，张晔．中国出口品国内技术含量升级的动态研究——来自全国及江苏省、广东省的证据［J］．中国社会科学，2008（2）：67－82.

[63] 俞毅，万炼．我国进出口商品结构与对外直接投资的相关性研究——基于 VAR 模型的分析框架［J］．国际贸易问题，2009（6）：

96 - 104.

[64] 张春萍. 中国对外直接投资的贸易效应研究 [J]. 数量经济技术经济研究, 2012 (6): 74 - 85.

[65] 张纪凤, 黄萍. 替代出口还是促进出口——我国对外直接投资对出口的影响研究 [J]. 国际贸易问题, 2013 (3): 95 - 103.

[66] 张鹏. 出口平台型直接投资研究综述 [J]. 当代财经, 2005 (12): 97 - 100.

[67] 张天顶. 出口、对外直接投资与企业的异质性研究 [J]. 南方经济, 2008 (3): 18 - 27.

[68] 张应武. 对外直接投资与贸易的关系: 互补或替代 [J]. 国际贸易问题, 2007 (6): 87 - 93.

[69] 周昕, 牛蕊. 中国企业对外直接投资及其贸易效应 [J]. 国际经贸探索, 2012 (5): 69 - 81.

[70] 朱平芳, 张征宇. 无条件分位数回归: 文献综述与应用实例 [J]. 统计研究, 2012 (3): 88 - 96.

[71] 朱彤, 崔昊. 对外直接投资、逆向技术溢出与中国技术进步 [J]. 世界经济研究, 2012 (10): 60 - 67.

[72] 祝树金, 陈雯. 出口技术结构的度量及影响因素研究述评 [J]. 经济评论, 2010 (6): 152 - 158.

[73] Adler, Michael and Guy V. G. Stevens. The Trade Effects of Direct Investment [J]. The Journal of Finance, 1974, 29 (2): 655 - 676.

[74] Arnold, Jens M. and Katrin Hussinger. Exports versus FDI in German Manufacturing: Firm Performance and Participation in International Markes [J]. Review of International Economics, 2010, 18 (4): 595 - 606.

[75] Arnold, Jens M. and Katrin Hussinger. Export Behavior and Firm Productivity in German Manufacturing: A Firm-level Analysis [J]. Review of World Economics, 2005, 141 (2): 219 - 243.

[76] Barry, Frank. Export-platform Foreign Direct Investment: The Irish Experience [R]. European Investment Bank Working Paper, 2004, 9 (2): 8 – 37.

[77] Bayoumi, Tamim and Gabrielle Lipworth. Japanese Foreign Direct Investment and Regional Trade [J]. Finance & Development, 1998, 9 (4): 581 – 607.

[78] Belderbos, Rene and Leo Sleuwaegen. Tariff Jumping DFI and Export Substitution: Japanese Electronics Firms in Europe [J]. International Journal of Industrial Organization, 1998, 16 (5): 601 – 638.

[79] Bellone, F. , P. Musson, L. Nesta and S. Schiavo. Financial Constraints and Firm Export Behaviour [J]. The World Economy, 2010, 33 (3): 347 – 373.

[80] Benjamin, Nefussi. Export versus FDI with Market Potential [R]. Preliminary Version, 2006: 1 – 27.

[81] Berman, N. and J. Hricourt. Financial Factor and the Margins of Trade: Evidence from Cross-country Firm-level Data [J]. Journal of Development Economics, 2010, 93 (2): 206 – 217.

[82] Bernard, Andrew B. , Jonathan Eaton, J. Bradford Jenson and Samuel Kortum. Plants and Productivity in International Trade [J]. American Economic Review, 2003, 93: 1268 – 1290.

[83] Bernard, Andrew B. , J. Redding and P. Schott. The Margins of US Trade [J]. NBER Working Paper, 2009, NO. 14662.

[84] Bernard, Andrew B. , Stephen J. Redding and Peter K. Schott. Comparative Advantage and Heterogeneous Firms [J]. Review of Economic Studies, 2007, 74 (1): 31 – 36.

[85] Blomstrom, Magnus and Ari Kokko. Multinational Corporation and Spillovers [J]. Journal of Economic Surveys, 1998, 12 (3): 247 – 277.

[86] Blonigen, Bruce A. In Search of Substitution between Foreign Production and Exports [J]. Journal of International Economics, 2001, 53 (1): 81 – 104.

[87] Blonigen, Bruce A, Ronald B. Davies and Keith Head. Estimating the Knowledge-Capital Model of the Multinational Enterprise: Comment [R]. NBER Working Paper, 2002, NO. 8929.

[88] Blonigen, Bruce A. , Ronald B. Davies, Glen R. Waddell, Helen T. Naughton. FDI in Space: Spatial Autoregressive Relationships in Foreign Direct Investment [J]. European Economic Review, 2007, 51 (5): 1303 – 1325.

[89] Brainard S. Lael. A Simple Theory of Multinational Corporations and a Trade – off Between Proximity and Concentration [R]. NBER Working Paper, 1993, NO. 4269.

[90] Brainard S. Lael. An Empirical Assessment of the Proximity-concentration Trade-off between Multinational Sales and Trade [J]. American Economic Review, 1997, 87: 520 – 544.

[91] Buckley, Peter J. and Mark Casson. The Optimal Timing of Foreign Direct Investment [J]. The Economic Journal, 1981, 91 (361): 75 – 87.

[92] Carr, David L. , James R. Markusen and Keith E. Maskus. Estimating the Knowledge-capital Model of the Multinational Enterprise [J]. The American Economic Review, 2001, 91 (3): 693 – 708.

[93] Caves, Richard E. . Multinational Firms, Competition and Productivity in Host Country Markets [J]. Economica, 1974, 41 (162): 176 – 193.

[94] Cushman, David O. Real Exchange Rate Risk, Expectation and the Level of Direct Investment [J]. The Review of Economic and Statistics, 1985, 67 (2): 297 – 308.

[95] Damijan, Joze P. , Saso Polance and Janez Prasnikar. Outward FDI and Productivity: Micro-evidence from Slovenia [J]. The World Economy,

2007, 30 (1): 135 – 155.

［96］Dunning, John H.. The Determinants of International Production [J]. Oxford Economic Papers, 1973, 25 (3): 289 – 336.

［97］Dunning, John H.. Reappraising the Eclectic Paradigm in an Age of Alliance Capitalism [J]. Journal of International Business Studies, 1995, 26 (3): 461 – 491.

［98］Dunning, John H.. The Multinational Enterprises and the Global E-conomy [M]. Addisson-Wesley Publishing Company, 1993.

［99］Dunning, John H.. Globalization, Trade and Foreign Direct Invesment [M]. Oxford: Elsevier, 1998.

［100］Dunning, John H.. Explaining International Production [M]. London: Unwin Hyman, 1988.

［101］Dunning, John H.. The Theory of Transnational Corporation [M]. London: Rortledge, 1993.

［102］Dixit, Avinash K. and Robert S. Pindyck. Investment Under Uncertainty [M]. New Jersey: Princeton University Press, 1994.

［103］Ekholm, Karolina, Rikard Forslid, James R. Markusen. Export Platform Foreign Direct Investment [J]. Journal of the European Economic Association, 2007, 5 (4): 776 – 795.

［104］Ethier, Wilfred J.. The Multinational Firm [J]. The Quarterly Journal of Economics, 1986, 101 (4): 805 – 833.

［105］Falm, H. and E. Helpman. Vertical Product Differentiation and North-south Trade [J]. American Economic Review, 1987, 77 (5): 810 – 822.

［106］Feenstra, R. New Product Varieties and the Measurement of International Prices [J]. American Economic Review, 1994, 84 (1): 157 – 177.

［107］Felbermayr, G. and W. Kohler. Exporting the Intensive and Extensive Margins of World Trade [J]. Review of World Economic, 2006, 142 (4):

642 – 674.

[108] Fosfuri, Andrea and Massimo Motta. Multinationals without Advantages [J]. The Scandinavian Journal of Economics, 1999, 101 (4): 617 – 630.

[109] Froot, Kenneth A. and Jeremy C. Stein. Exchange Rate and Foreign Direct Investment: An Imperfect Capital Market Approach [J]. Quarterly Journal of Economics, 1991, 106 (4): 1191 – 1217.

[110] Girma, Sourafel, Richard Kneller and Mauro Pisu. Exports versus FDI: An Empirical Test [J]. Review of World Economics, 2005, 141 (2): 193 – 218.

[111] Grossman, Gene M. and Elhanan Helpman. Product Development and International Trade [R]. NBER Working Paper, 1990, NO2540.

[112] Grossman, Gene M. and Elhanan Helpman. Innovation and Growth in the Global Economy [M]. Cambridge: The MIT Press, 1991.

[113] Grossman, Gene M. and Elhanan Helpman. Comparative Advantage and Long-run Growth [J] American Economic Review, 1990, 80 (4): 796 – 815.

[114] Grossman, Gene M. , Elhanan Helpman, Adam Szeidl. Optimal Integration Strategies for the Multinational Firm [J]. Journal of International Economics, 2006, 70 (1): 216 – 238.

[115] Gruber, Harry and John Mutti. Taxes, Tariffs and Transfer Pricing in Multinational Corporate Decision Making [J]. The Review of Economics and Statistics, 1991, 73 (2): 285 – 293.

[116] Hanson, Gordon H. , Raymond J. Mataloni Jr and Matthew J. Slaughter. Expansion Strategies of US Multinational Firms [R]. NBER Working Paper, 2001, NO. 8433.

[117] Head, Keith and John Ries. Overseas Investment and Firm Exports [J]. Review of International Economics, 2001, 9 (1): 108 – 122.

[118] Head, Keith and John Ries. Heterogeneity and the Foreign Direct Investment versus Exports Decision of Japanese Manufacturers [J]. Journal of the Japanese and International Economics, 2003, 17 (4): 448 – 467.

[119] Head, Keith and John Ries. Exporting and FDI as Alternative Strategies [J]. Oxford Review of Economic Policy, 2004, 20 (3): 409 – 423.

[120] Head C. Keith, John C. Ries and Deborah L. Swenson. Attracting Foreign Manufacturing: Investment Promotion and Agglomeration [J]. Regional Science and Urban Economics, 1999, 29 (2): 197 – 218.

[121] Hejazi, W. and A. E. Safarian. The Complementarity between US Foreign Direct Investment Stock and Trade [J]. Atlantic Economic Journal, 2001, 29 (4): 420 – 437.

[122] Helpman, Elhanan. A Simple Theory of International Trade with Multinational Corporations [J]. The Journal of Political Economy, 1984, 92 (3): 451 – 471.

[123] Helpman, Elhanan, Marc J. Melitz and Stephen R. Yeaple. Export versus FDI [R]. NBER Working Paper, 2003, NO. 9439.

[124] Helpman, Elhanan, Marc J. Melitz and Y. Rubinstein. Estimating Trade Flows: Trading Partners and Trading Volumes [J]. Quarterly Journal of Economics, 2008, 123 (2): 441 – 487.

[125] Helpman, Elhanan and Paul Krugman. Market Structure and Foreign Trade [M]. Cambridge, MA: The MIT Press, 1985.

[126] Horstmann, Ignatius J. . Endogenous Market Structure in International Trade [J]. Journal of International Economics, 1992, 32 (1): 109 – 129.

[127] Hummels, D. and P. Klenow. The Variety and Quality of a Nation's Exports [J]. American Economic Review, 2005, 95 (3): 704 – 723.

[128] Jaffe, Adam B. , Manuel Trajtenberg and Rebecca Henderson. Geographic Localization of Knowledge Spillovers as Evidenced by Patent Ci-

tation [J]. Quarterly Journal of Economics, 108 (3): 577 –598.

[129] Kim June-Dong and In-Soo Rang. Outward FDI and Exports: The Case of South Korea and Japan [J]. Journal of Asian Economics, 1996, 8 (1): 39 –50.

[130] Kimura Fukunari and Kozo Kiyota. Exports, FDI and Productivity: Dynamic Evidence from Japanese Firms [J]. Review of World Economics, 2006, 142 (4): 695 –719.

[131] Klein, Michael W.. The Real Exchange Rate and Foreign Direct Investment in the United States: Relative Wealth vs Relative Wage Effects [J]. Journal of International Economics, 1994, 36 (3): 373 –389.

[132] Kneller, Richard and Mauro Pisu. Export-oriented FDI in the UK [J]. Oxford Review of Economic Policy, 2004, 20 (3): 424 –439.

[133] Kojima, Kiyoshi. A Macroeconomic Approach to Foreign Direct Investment [J]. Hitotsubashi Journal of Economics, 1973, 14 (1): 1 –21.

[134] Krugman, P.. Scale Economic, Product Differentiation and the Pattern of Trade [J]. American Economic Review, 1980, 70 (5): 950 –959.

[135] Krugman, P.. Intra-industry Specialization and the Gains from Trade [J]. Journal of Political Economy, 1981, 48 (1): 7 –35.

[136] Lall, Sanjaya. The Technological Structure and Performance of Developing Country Manufactured Exports, 1985 – 98 [J]. Oxford Development Studies, 2000, 28 (3): 337 –369.

[137] Lim, Sung-Hoon and Hwy-Chang Moon. Effects of Outward Foreign Direct Investment on Home Country Exports: The Case of Korean Firms [J]. Multinational Business Review, 2001, 11 (3): 115 –227.

[138] Lipsey Robert E. and Merle Yahr Weiss. Foreign Production and Exports in Manufacturing Industries [J]. The Review of Economics and Statistics, 1981, 63 (4): 488 –494.

［139］Lipsey Robert E. and Merle Yahr Weiss. Foreign Production and Exports of Individual Firms ［J］. The Review of Economics and Statistics, 1984, 66 (2): 304 – 308.

［140］Liu Xiaming, Chengang Wang and Yingqi Wei. Causal Links between Foreign Direct Investment and Trade in China ［J］. China Economic Review, 2001, 12 (3): 190 – 202.

［141］Lucas Robert E. B.. On the Determinants of Direct Foreign Investment: Evidence from East and Southeast Asia ［J］. World Development, 1993, 21 (3): 391 – 406.

［142］Markusen, James R.. Trade and the Gains from Trade with Imperfect Competition ［J］. Journal of International Economics, 1981, 11 (4): 531 – 551.

［143］Markusen, James R.. Factor Movements and Commodity Trade as Complements ［J］. Journal of International Economics, 1983, 14 (3): 341 – 356.

［144］Markusen, James R.. Multinationals, Multi – plant Economies and the Gains from Trade ［J］. Journal of International Economics, 1984, 16 (3): 205 – 226.

［145］Markusen, James R.. Multinational Firms, Location and Trade ［J］. The World Economy, 1998, 21 (6): 733 – 756.

［146］Markusen, James R.. Multinational Firms and the Theory of International Trade ［M］. Cambridge, MA: The MIT Press, 2002.

［147］Markusen, James R. and Anthony J. Venables. Multinational Firms and the New Trade Theory ［J］. Journal of International Economics, 1998, 46 (2): 183 – 203.

［148］Markusen, James R. and Anthony J. Venables. The Theory of Endowment, Intra-industry and Multinational Trade ［J］. Journal of International Economics, 2000, 52 (2): 209 - 234.

[149] McDonald, Robert and Daniel Siegel. The Value of Waiting to Invest [J]. The Quarterly Journal of Economics, 1986, 101 (4): 707 - 727.

[150] Melitz, Marc J.. The Impact of Trade on Intra-industry Reallocations on Aggregate Industry Productivity [J]. Econometrica, 2003, 71 (6): 1695 - 1725.

[151] Motta, Massimo and George Norman. Does Economic Integration Cause Foreign Direct Investment? [J]. International Economic Review, 1996, 37 (4): 757 - 783.

[152] Mundell, Robert A.. International Trade and Factor Mobility [J]. The American Economic Review, 1957, 47 (3): 321 - 335.

[153] Neven, D. and G. Siotis. Foreign Direct Investment in the European Community: Some Policy Issues [J]. Oxford Review of Economic Policy, 1993, 9 (2): 72 - 93.

[154] Neven, D. and G. Siotis. Technology Sourcing and FDI in the EC: An Empirical Evaluation [J]. International Journal of Industrial Organization, 1996, 14 (5): 543 - 560.

[155] Pfaffermayr, M. Foreign Direct Investment and Exports: A Time Series Approach [J]. Applied Economics, 1994, 26 (4): 337 - 351.

[156] Rob, Rafael. Foreign Direct Investment and Exports with Growing Demand [J]. Review of Economics Studies, 2003, 70 (3): 629 - 648.

[157] Roberto, A. and S. Claro. On the Source of China's Export Growth [R]. Central Bank of Chile Working Paper, 2007, NO. 426.

[158] Raymond, MacDermott. Linking Exchange Rates to Foreign Direct Investmen [J]. The International Trade Journal, 2008, 22 (1): 3 - 16.

[159] Ruane, Frances and Julie M. Sutherland. Foreign Direct Investment and Export Spillovers: How Do Export Platform Fare? [R]. IIS Discussion Pa-

per, 2005, NO. 58.

[160] Samuelson, Paul A. . International Factor Price Equalization Once A-gain [J]. The Economic Journal, 1949, 59 (234): 181 – 197.

[161] Siotis, Georges. Foreign Direct Investment Strategies and Firms' Ca-pabilities [J]. Journal of Economics & Management Strategy, 2004, 8 (2): 251 – 270.

[162] Svensson, Roger. Effects of Overseas Production on Home Country Exports: Evidence Based on Swedish Multinationals [J]. Weltwirtschaftliches Archiv, 1996, 132 (2): 304 – 329.

[163] Swenson, Deborah L. . Multinationals and the Creation of Chinese Trade Linkages [J]. Canadian Journal of Economics, 2008, 41 (2): 596 – 618.

[164] Vernon Raymond. International Investment and International Trade in The Product Cycle [J]. Quarterly Journal of Economics, 1966, 80 (2): 190 – 207.

[165] Wagner, Joachim. Exports, Foreign Direct Investment and Productiv-ity: Evidence from German Firm Level Data [J]. Applied Economics Letters, 2006, 13 (6): 347 – 349.

[166] Wagner, Joachim. Exports and Productivity: A Survey of the Evi-dence from Level Data [J]. The World Economy, 2007, 30 (1): 60 – 82.

[167] Wagner, Joachim. Productivity and Size of the Export Market Evidence for West and East German Plants [R]. University of Luneburg Working Paper, 2007, NO. 43.

[168] Yamawaki, Hideki. Export and Foreign Distributional Activities: Ev-idence on Japanese Firms in the United States [J]. Review of Economics and Statistics, 1991, 73 (2): 294 – 300.

[169] Yamawaki, Hideki. International Competitiveness and the Choice of

Entry Mode: Japanese Multinationals in US and European Manufacturing Industries [R]. CEPR Working Paper, 1994, No. 424.

[170] Yasar, Mahmut and Catherine J. Morrison Paul. Firm Performance and Foreign Direct Investment: Evidence from Transition Economies [J]. Economiecs Bulletin, 2007, 15 (21): 1 – 11.

[171] Yasar, Mahmut and Catherine J. Morrison Paul. International Linkage and Productivity at the Plant Level: Foreign Direct Investment. Exports, Imports and Licensing [J]. Journal of International Economics, 2007, 72 (1): 373 – 388.

[172] Yeaple, Stephen Ross. The Complex Integration Strategies of Multinationals and Cross Country Dependencies in the Structure of Foreign Direct Investment [J]. Journal of International Economics, 2003, 60 (2): 293 – 314.

[173] Yeaple, Stephen Ross. A Simple Model of Firm Heterogeneity, International Trade, and Wages [J]. Journal of International Economics, 2005, 65 (1): 1 – 20.

[174] Yeaple, Stephen Ross. Firm Heterogeneity and The Structure of US Multinational Activity: An Empirical Analysis [R]. NBER Working Paper, 2008, NO. 14072.

[175] Zhang, Qing and Bruce Felmingham. The Relationship between Inward Direct Foreign Investment and China's Provincial Export Trade [J]. China Economic Review, 2001, 12 (1): 82 – 99.

[176] Zhang, Kevin Honglin and Shunfeng Song. Promoting Exports the Role of Inward FDI in China [J]. China Economic Review, 2001, 11 (4): 385 – 396.